U0548890

"十四五"国家重点出版物出版规划项目

转型时代的中国财经战略论丛

"双碳"目标约束下区域低碳经济发展模式研究

——以山东为例

Analysis on the Development Models of Low-carbon Economy to Realize Carbon Peak and Carbon Neutrality Goals

张 英 吴书光 著

中国财经出版传媒集团
经济科学出版社
Economic Science Press

图书在版编目（CIP）数据

"双碳"目标约束下区域低碳经济发展模式研究：以山东省为例/张英，吴书光著．--北京：经济科学出版社，2021.12
（转型时代的中国财经战略论丛）
ISBN 978-7-5218-3276-1

Ⅰ.①双⋯　Ⅱ.①张⋯②吴⋯　Ⅲ.①低碳经济-经济发展模式-研究-山东　Ⅳ.①F127.52

中国版本图书馆 CIP 数据核字（2021）第 254060 号

责任编辑：于　源　冯　蓉
责任校对：王京宁
责任印制：范　艳

"双碳"目标约束下区域低碳经济发展模式研究
——以山东省为例
张　英　吴书光　著
经济科学出版社出版、发行　新华书店经销
社址：北京市海淀区阜成路甲 28 号　邮编：100142
总编部电话：010-88191217　发行部电话：010-88191522
网址：www.esp.com.cn
电子邮箱：esp@esp.com.cn
天猫网店：经济科学出版社旗舰店
网址：http://jjkxcbs.tmall.com
北京季蜂印刷有限公司印装
710×1000　16 开　11.5 印张　180000 字
2022 年 4 月第 1 版　2022 年 4 月第 1 次印刷
ISBN 978-7-5218-3276-1　定价：46.00 元
（图书出现印装问题，本社负责调换。电话：010-88191510）
（版权所有　侵权必究　打击盗版　举报热线：010-88191661
QQ：2242791300　营销中心电话：010-88191537
电子邮箱：dbts@esp.com.cn）

总　序

转型时代的中国财经战略论丛

《转型时代的中国财经战略论丛》是山东财经大学与经济科学出版社合作推出的"十三五"系列学术著作，现继续合作推出"十四五"系列学术专著，是"'十四五'国家重点出版物出版规划项目"。

山东财经大学自2016年开始资助该系列学术专著的出版，至今已有5年的时间。"十三五"期间共资助出版了99部学术著作。这些专著的选题绝大部分是经济学、管理学范畴内的，推动了我校应用经济学和理论经济学等经济学学科门类和工商管理、管理科学与工程、公共管理等管理学学科门类的发展，提升了我校经管学科的竞争力。同时，也有法学、艺术学、文学、教育学、理学等的选题，推动了我校科学研究事业进一步繁荣发展。

山东财经大学是财政部、教育部、山东省共建高校，2011年由原山东经济学院和原山东财政学院合并筹建，2012年正式揭牌成立。学校现有专任教师1688人，其中教授260人、副教授638人。专任教师中具有博士学位的962人。入选青年长江学者1人、国家"万人计划"等国家级人才11人、全国五一劳动奖章获得者1人，"泰山学者"工程等省级人才28人，入选教育部教学指导委员会委员8人、全国优秀教师16人、省级教学名师20人。学校围绕建设全国一流财经特色名校的战略目标，以稳规模、优结构、提质量、强特色为主线，不断深化改革创新，整体学科实力跻身全国财经高校前列，经管学科竞争力居省属高校领先地位。学校拥有一级学科博士点4个，一级学科硕士点11个，硕士专业学位类别20个，博士后科研流动站1个。在全国第四轮学科评估中，应用经济学、工商管理获B＋，管理科学与工程、公共管理获B－，B＋以上学科数位居省属高校前三甲，学科实力进入全国财经高校前十。工程学进入 ESI 学科排名前 1%。"十三五"期间，我校聚焦内涵式发展，全面实施了科研强校战略，取得了一定成绩。获批国家级课题项目 172 项，教育部及其他省部级课题项目 361 项，承担各级各类横向课题 282 项；教师共发表高水平学术论文 2800 余篇，出版著作 242 部。同时，新增了山东省重点实验室、省重点新型智库和研究基地等科研平台。学校的发展为教师从事科学研究提供了广阔的平台，创造了更加良好的学术生态。

"十四五"时期是我国由全面建成小康社会向基本实现社会主义现代化迈进的关键时期，也是我校进入合校以来第二个十年的跃升发展期。2022 年也将迎来建校 70 周年暨合并建校 10 周年。作为"十四五"国家重点出版物出版规划项目，《转型时代的中国财经战略论丛》将继续坚持以马克思列宁主义、毛泽东思想、邓小平理论、"三个代表"重要思想、科学发展观、习近平新时代中国特色社会主义思想为指导，结合《中共中央关于制定国民经济和社会发展第十四个五年规划和二〇三五年远景目标的建议》以及党的十九届六中全会精神，将国家"十四五"期间重大财经战略作为重点选题，积极开展基础研究和应用研究。

与"十三五"时期相比，"十四五"时期的《转型时代的中国财经战略论丛》将进一步体现鲜明的时代特征、问题导向和创新意识，着力推出反映我校学术前沿水平、体现相关领域高水准的创新性成果，更好地服务我校一流学科和高水平大学建设，展现我校财经特色名校工程建设成效。通过对广大教师进一步的出版资助，鼓励我校广大教师潜心治学，扎实研究，在基础研究上密切跟踪国内外学术发展和学科建设的前沿与动态，着力推进学科体系、学术体系和话语体系建设与创新；在应用研究上立足党和国家事业发展需要，聚焦经济社会发展中的全局性、战略性和前瞻性的重大理论与实践问题，力求提出一些具有现实性、针对性和较强参考价值的思路和对策。

山东财经大学校长

2021 年 11 月 30 日

前　言

转型时代的中国财经战略论丛

全球气候变暖已成为关系人类生存和可持续发展的热点问题。联合国政府间气候变化专门委员会（IPCC）研究认定全球平均温度上升阈值为2℃。如果听任温度上升，人类生存将面临极大的挑战。对于导致气候变暖的主要原因，IPCC第四次评估报告明确提出人类活动是造成全球气候变暖的主要原因，其可能性高达90%，人类主要通过化石燃料使用造成二氧化碳和甲烷等温室气体过多排放进而导致全球气候变暖。2009年哥本哈根世界气候大会召开，85个国家元首或政府首脑，192个国家的环境部长参加，时任中国国家总理温家宝出席并发表重要讲话，从此气候问题成为国际关注热点。

发展低碳经济，是人类应对全球气候变暖的重要战略选择。英国政府2003年在能源白皮书《我们能源的未来：创建低碳经济》中首次以政府公文的形式提出低碳经济这一概念。随后，低碳经济迅速引起国际社会的普遍关注，如何发展低碳经济成为关系国家未来竞争力的关键。发展低碳经济，对中国而言，既是压力又是机遇。2010年7月，国际能源署发表报告称，中国成为世界上能源消耗最多的国家，也是碳排放量最多的国家。作为一个负责任的发展中大国，中国面临严峻的国际政治和外交压力。2020年9月，习近平总书记在第七十五届联合国大会一般性辩论上发表重要讲话，提出"中国将提高国家自主贡献力度，采取更加有力的政策和措施，二氧化碳排放力争于2030年前达到峰值，努力争取2060年前实现碳中和。"① "双碳"目标的提出标志着中国成

---

① 新华网．习近平在第七十五届联合国大会一般性辩论上的讲话（全文）[EB/OL]．新华网，2020-9-22. http://www.xinhuanet.com/politics/leaders/2020-09/22/c_1126527652.htm.

为应对全球气候变化危机的引领者,也为中国探索能源经济绿色发展道路指明了方向。实现碳达峰、碳中和是党中央作出的重大战略部署,事关中华民族永续发展和构建人类命运共同体。但实现碳达峰和碳中和目标是一场硬仗,也是对我们党治国理政能力的一场大考。我国拥有约14亿人口,且仍旧属于发展中国家,面临发展经济和提高民生的艰巨任务,同时我国正处于快速城市化和工业化的关键阶段,工业化仍未完成,化石能源在能源消费中仍占有重要地位,节能技术有待提高,因此实现碳达峰和碳中和目标的难度不言而喻。但是,发展低碳经济又是我国调整发展模式的良好契机,也是实现低碳社会的千载难逢的机遇。我国正处于快速城市化进程中,预计未来20年内将有3.5亿人口进入城市。如果在城市化进程中,可以通过推广绿色建筑、节能产业等方式,将为未来减少碳排放赢得难得的先机。

自低碳经济概念提出以来,国内外专家学者从各个角度进行了大量的研究。在理论研究方面,大多数研究着重于低碳经济内涵及宏观层次上的对策研究,或者侧重于碳排放影响因素及各影响因素间相互关系的微观层次上的研究,对于中观尺度区域低碳经济发展模式的理论研究相对较少。从低碳实践角度分析,国内外实践往往集中在宏观层面的国家战略政策研究,或者是低碳社区、低碳城市等层面的研究,对于省份层次的中观层次区域低碳研究较少。对于一个国家低碳发展的研究不仅需要国家层面评估,还需要从区域格局变化来把握。实际上,在二氧化碳减排和低碳经济发展工作中,地方政府是重要的管理者和实施者,从省区级层次上对我国低碳经济发展进行研究具有重要意义,据此制定的相关政策才会具有更为明确的针对性和更为良好的可操作性。这是本书选择一个典型区域进行研究的初衷所在。党的十八届五中全会上,提出了对各地区实行能源消耗总量和强度"双控"政策。能耗双控目标已成为各地区经济社会发展的紧箍咒。2021年上半年,广东、江苏、福建等省份能源双控完成情况不佳,导致不得不拉闸限电停产,造成巨大损失。因此,各区域应积极发展低碳经济,降低能源消耗总量和能源消耗强度。

山东省作为一个典型的高能耗、高排放的重化工业为主的省份,处于工业化和城市化快速进程中,面临着降能耗和发展经济的双重压力,其基本条件和中国很多省份发展特点类似,对山东省低碳经济发展模式研究有一定的典型性,可以为其他省份提供参考。另外,对山东省内各市低碳经济发展模式进行研究，可以充分考虑不同区域间产业结构、能源结构等方面的差异，为不同区域选择合适的低碳经济模式，对相似情况区域的低碳经济发展提供具有针对性的借鉴。

本书以区域低碳经济发展模式选择为研究对象，采用模式分析法、比较分析法和实证分析法等方法进行研究。围绕低碳经济发展模式的内涵、特征及类型进行理论探讨，并对国内外区域低碳发展模式进行汇总提炼，以供参考借鉴。在详尽分析山东省低碳经济发展条件的基础上，明确山东省低碳发展水平在全国和经济区域中的地位，据此提出山东省发展低碳经济模式选择。然后对山东省内16市根据低碳经济水平进行类型划分，根据不同类型的低碳发展特点，设计相应的发展模式。

本书采用推进式结构安排，研究内容逐层深入。第1章提出问题，分析选题的研究意义，评述国内外研究现状，提出主要研究内容与研究方法；第2章挖掘有关低碳经济的理论基础；第3章是区域低碳经济发展模式的有关理论研究及国内外低碳经济发展模式的总结和提炼；第4章山东省低碳经济态势分析；第5章是对区域低碳发展水平进行综合评价及聚类分析；第6章是山东省低碳经济发展模式选择；第7章得出主体结论及未来展望。本书的主要研究内容及结论如下：

第一，低碳经济研究现状、研究内容及研究方法。国内外对于低碳经济的研究大多集中在宏观尺度和微观尺度，而中观尺度区域研究较少。国内外研究往往围绕国家宏观政策或微观变量如碳排放量的影响因素等展开。因此，对中观尺度区域低碳经济发展模式研究有一定理论意义和实践价值。

第二，低碳经济研究的理论基础包括环境经济学、能源经济学、可持续发展理论及地理学等诸多学科的相关理论，尤其是外部性理论、公共物品理论、耦合—脱钩理论、循环经济理论等更是研究中必备的知识储备。

第三，低碳经济是以低能耗、低排放、低污染为特征的社会经济发展模式，以减少温室气体排放为目标，通过建立以低碳为特征的生产体系、消费模式，通过研发低碳技术支撑体系，建立有利于减少温室气体排放的政策、法律、管理体系发展低碳经济。低碳经济具有经济性、相对性、阶段性等特点。根据各国实施低碳经济的着重点不同，提炼出不同的区域低碳经济发展模式。

第四，山东省人口多，经济规模大，处于工业化和城市化快速发展阶段，产业结构以重化工业为主，能源消费总量大且以煤炭消耗为主，能源对外依存度不断增大，碳排放量总量大且增速快，这些特征共同构成山东省发展低碳经济的背景。该部分内容分析为探索区域层面上低碳经济的发展模式奠定分析基础。

第五，基于系统论思想，选择低碳经济系统、低碳社会系统和低碳资源环境系统作为准则层，选择相关指标建立区域低碳综合评价指标体系，并从时间发展视角实证分析山东省历年低碳水平变化规律，得出该省低碳水平不断提高的结论。在此基础上构建了区域低碳经济聚类分析模型，并对山东省16市的低碳发展水平进行聚类分析，将山东省16市分为三种类型。

第六，山东省低碳经济发展模式选择主要分为两个层次，从高一级区域着眼，根据山东省在全国和区域内定位，整个省的低碳发展路径应该是政府主导下的节能减排。从次区域着眼，山东省16市应该根据不同类型各自不同低碳发展条件分别选择不同的发展模式。低碳经济发展基础较好的青岛、烟台、东营等地市选择以风能、核能为主的新能源基地建设和新兴低碳产业发展模式；低碳经济发展水平中等的济南、德州等地选择以太阳能为主的新能源基地建设和传统产业升级模式，淄博、莱芜等相对高碳的地市选择以生物质能为主的新能源建设和高碳产业低碳转型。

第七，低碳发展政策支撑。低碳经济作为一种新的发展理念，需要整个社会各个层面都要制定相关的政策支持。但关键是政府建立引导政策机制，完善市场调控机制，考核机制适时调整。

目 录

转型时代的中国财经战略论丛

第1章 导言 …………………………………………………………… 1
  1.1 研究背景及意义 ……………………………………………… 1
  1.2 国内外研究述评 ……………………………………………… 7
  1.3 研究思路与框架 ……………………………………………… 16
  1.4 研究方法 ……………………………………………………… 19

第2章 理论基础 ……………………………………………………… 21
  2.1 外部性与公共物品理论 ……………………………………… 21
  2.2 庇古税与科斯定理 …………………………………………… 25
  2.3 环境库兹涅茨曲线与耦合—脱钩理论 ……………………… 27
  2.4 区域非均衡增长及产业结构理论 …………………………… 30
  2.5 可持续发展理论与循环经济理论 …………………………… 33

第3章 区域低碳经济发展模式研究及国内外启示 ………………… 37
  3.1 低碳经济的理论研究 ………………………………………… 37
  3.2 低碳经济发展模式理论研究 ………………………………… 46
  3.3 发达国家区域低碳经济模式及启示 ………………………… 54
  3.4 主要发展中国家低碳经济发展模式 ………………………… 64
  3.5 国内区域低碳经济发展模式 ………………………………… 68
  3.6 国内外发展模式的启示 ……………………………………… 72

第4章 区域低碳经济发展基础及条件分析：山东省为例 …… 75
4.1 山东省发展低碳经济的机遇挑战分析 …… 75
4.2 山东省能源消耗现状分析 …… 86
4.3 山东省碳排放现状分析 …… 94

第5章 区域低碳发展综合评价及类型划分研究：山东省为例 …… 104
5.1 区域低碳发展水平评价 …… 104
5.2 山东省碳排放影响因素分析 …… 115
5.3 山东省十六市低碳发展类型划分 …… 118

第6章 区域低碳经济发展模式选择：山东省为例 …… 129
6.1 定位、目标和思路 …… 129
6.2 山东省"政府主导下以节能减排为核心"低碳发展模式 …… 132
6.3 山东省十六市低碳经济发展模式选择 …… 137
6.4 低碳发展政策支撑 …… 151

第7章 结论与展望 …… 156
7.1 主要结论 …… 156
7.2 本书创新点 …… 157
7.3 研究展望 …… 158

参考文献 …… 160

第1章 导　　言

1.1　研究背景及意义

1.1.1　研究背景

气候变化异常和能源安全问题是低碳经济产生的主要背景。

目前，全球气候变暖已经成为不争的事实和公众关注的焦点。进入21世纪，世界各地极端气候灾害频发，暴风雨、飓风、严寒、干旱、洪灾等接连发生。全球气候变化危机正在加剧，其带来的严重后果已成为人类在21世纪必须面对的严峻现实。国际社会对气候变化异常产生的原因进行了大量的探讨。2007年11月，IPCC第四次评估报告指出，在过去的100年（1906~2005年）全球平均地表温度升高了0.74℃，升温速率不断加快，同时全球平均海平面也在不断上升[①]。IPCC的综合评估报告表明，自1750年以来，人类活动是气候变暖的主要原因之一，而近50年全球大部分增暖，非常可能（90%以上可能性）是人类活动的结果，特别是源于化石燃料的使用导致的人为温室气体排放。IPCC第五次评估报告提出，人类活动极有可能（95%以上可能性）导致了20世纪50年代以来大部分（50%以上）全球地表平均气温上升。IPCC第六次评估报告进一步强调了人类活动对气候变暖的作用，开篇提出

---

① IPCC. Summary for Policymakers of Climate Change 2007：Mitigation Contribution of Working Group Ⅲ to the Fourth Assessment Report of the Intergovernmental Panel on Climate Change. London：Cambridge University Press，2007.

"毫无疑问，人类活动使大气、海洋和陆地变暖"的结论。在这次评估报告中还明确提出，大气中二氧化碳浓度（410ppm）是200万年以来最高的，近10年（2011~2020年）全球地表平均温度比工业革命前（1850~1900年）升高1.09℃[①]。全球气候变暖对全球气候系统及人类社会经济发展将产生重大影响。第六次评估报告指出，要实现1.5℃温升或2℃温升目标，需在2050年左右或之后实现二氧化碳净零排放，与此同时也要减少其他温室气体排放。

工业革命以来，煤炭、石油等黑色高碳高熵能源成为工业文明发展的能源基础，也是目前能源经济发展的现实基础。但是，这些化石能源的区域分布是极其不均衡的，全球对不可再生化石能源消费量大增，能源安全问题日益突出。尤其是在新冠肺炎疫情和国际贸易环境动荡不稳的情况下，传统的能源供应链受到冲击，2021年不少国家出现能源危机，还有进一步恶化的迹象。2021年9月底以来中国国内已有广东、江苏等十余省份出现了限电的情况，同时煤炭价格正创下纪录，较一年前已经上涨了逾一倍，煤炭库存锐减已成为不少发电站面临的难题。在欧洲，天然气期货价格已经创下历史新高，出现了"气荒"。欧洲的天然气储存量已比5年平均水平低16%，9月创下历史新低。受供求因素综合影响，欧洲2021年天然气批发价格上涨了250%，自8月飙升70%。美国天然气价格也涨至近10年新高，较6个月前飙涨了大约一倍[②]。传统化石燃料的大量消耗，使大气中二氧化碳浓度不断增加，导致近半个世纪以来全球气候变暖、极端天气、气象灾害频繁发生，进而引发全球气候变化异常的生态灾难。因此，以低能耗、低污染、低排放为特征的低碳经济应运而生。目前，国际社会更是把发展低碳经济、提高低碳技术作为经济转型的重要途径和战略选择。以欧盟、美国、日本为代表的发达国家和地区更是迫切希望通过低碳技术和低碳产品的创新保持经济优势和实现可持续发展。

IPCC第四次、第五次评估第三工作组报告认为（IPCC，2007C），

[①] IPCC. Summary for Policymakers of Climate Change 2021： Mitigation Contribution of Working Group Ⅰ to the Sixth Assessment Report of the Intergovernmental Panel on Climate Change. London： Cambrige University Press，2021.

[②] 二十一世纪经济报道. 英国告急！数千个加油站无油可加［EB/OL］. 凤凰新闻，(2021-09-29)［2021-10-02］，https：//ishare.ifeng.com/c/s/v002Qor9qenNojQDOUQ0NXQmgWSYAFBSGtc7RZZIYxR38as。

人类采取减缓气候变化的行动在经济和技术上是可能的，通过部署各行业关键减缓技术、采取政策和行政干预、改变发展道路等能够对减缓气候变化做出重大贡献。IPCC 的评估报告已经成为全球气候政治决策最重要的科学基础。2003 年英国在能源白皮书《我们能源的未来：创建低碳经济》中首次在政府文件中提出"低碳经济"概念。2004 年，欧盟批准 8 个成员国的废气排放计划，限制性地分配这些成员国的二氧化碳排放量。2007 年，英国政府公布了《气候变化法案》草案，承诺至 2020 年削减 26%~32% 的温室气体排放，至 2050 年实现温室气体排放量降低 60%。随后，英国还出台了《英国适应气候变化战略框架》，提出全球低碳经济发展的远景设想，并指出低碳革命的影响可以和第一次工业革命相提并论。2007 年 12 月，联合国气候变化大会在印度尼西亚的巴厘岛召开，通过了举世瞩目的"巴厘岛路线图"，提出发展中国家应该可核算、可度量等要求。2008 年 6 月 5 日，世界环境日的主题确立为"摒弃传统观念，推行低碳经济"。2009 年哥本哈根会议通过了《哥本哈根协定》，提出了全球的升温控制目标。2015 年第二十一届联合国气候变化大会（COP21）通过《巴黎协定》达成中长期目标（控制升温 2℃并努力在 1.5℃之内），首次提出缔约方采用自下而上的国家自主贡献（NDC）、目标更新与盘点等制度安排。目前，发展低碳经济已经成为国际社会主流战略选择。近两年，欧盟、美国、日本、韩国等国家和地区分别承诺了碳达峰、碳中和的时间表。如他们都承诺 2050 年实现碳中和。

中国作为一个典型的发展中国家，发展低碳经济是压力也是机遇。中国人口众多，能源资源匮乏，气候条件复杂，生态环境脆弱。在目前状态下，工业化和城市化的历史任务远未完成，发展的压力相当大，与此同时，中国又是最易受气候变化不利影响的国家之一。《中国应对气候变化国家方案》指出，近百年来，中国年平均气温升高 0.5℃~0.8℃；近 50 年来区域降水变化波动较大，山地冰川快速退缩，主要极端天气与气候事件频率和强度出现明显变化。应急管理部发布 2020 年全国自然灾害基本情况显示，2020 年南方地区遭遇 1998 年以来最重汛情，自然灾害以洪涝、地质灾害、风雹、台风灾害为主，地震、干旱、低温冷冻、雪灾、森林草原火灾等灾害也有不同程度发生。全年各种自然灾害共造成 1.38 亿人次受灾，591 人因灾死亡失踪，589.1 万人次紧急转移安置；10 万间房屋倒塌，30.3 万间严重损坏，145.7 万间一般损坏；农作物受灾面积 19957.7 千公顷，其中绝收 2706.1 千公顷；直接经济损失 3701.5 亿元①。温室效应还带来了海平面的上升。自然资源部发布的《2020 年中国海平面公报》显示，2020 年，中国沿海海平面较常年（1993~2011 年平均）高 73 毫米。与 2019 年相比，中国沿海海平面以杭州湾为界总体呈现"北升南降"的特点，北部总体上升 12 毫米，南部下降 9 毫米。高海平面加剧了沿海地区风暴潮、洪涝、海岸侵蚀、咸潮及海水入侵等灾害，给沿海地区人民社会经济发展和生产生活造成不利影响。与此同时，中国化石能源消耗总量不断攀升。根据中国石油企业协会发布的《中国油气产业发展分析与展望报告蓝皮书（2019-2020）》，我国石油对外依存度不断提高攀升，2019 年，我国原油进口量 50572 万吨，增长 9.5%，石油对外依存度达 70.8%；天然气进口量 9660 万吨，同比增长 6.9%，对外依存度达 43%。化石能源消费量和进口量大增为"能源威胁论"提供了口实，也为未来的能源消费带来了较大的风险。而且，由于中国正处于工业化和城市化的快速进程中，能源消耗和温室气体排放在较长时期内仍会高速增长。因此，在关系到人类生存和发展的全球变暖问题上，中国面临着巨大的国际政治压力。西方国家一直对中国施加巨大的压力，要求中国的温室气体减排行为接受国际社会的监督，即实现可测量、可报告、可验证。在正视低碳经济压力的同时，我们也应该注意，发展低碳经济对中国未来发展也是很好的机遇。在城市化的进程中通过进行低碳规划、发展低碳交通、新上低能耗低排放设备等方式实现未来低碳发展。同时，低碳经济作为新的经济形态，如果我们可以通过大力发展低碳技术扶持低碳经济发展，也是我们赶超发达国家的绝佳机会。

中国政府一贯高度重视气候变化问题，把积极应对气候变化纳入经济社会发展中长期规划。2006 年以来，我国公布《气候变化国家评估报告》，并在"十一五"规划中明确提出大力发展新型能源技术，提出了 2010 年能耗比 2006 年下降 20% 左右的约束性指标等；2007 年，在发展中国家中第一个制定并实施应对气候变化国家方案；在亚太经济合作组织

---

① 应急管理部. 应急管理部发布 2020 年全国自然灾害基本情况 [EB/OL]. 中华人民共和国应急管理部官网，2021-01-08，https://www.mem.gov.cn/xw/yjglbgzdt/202101/t20210108_376745.shtml.

（APEC）第15次领导人会议上，我国首次明确提出"发展低碳经济"、研发和推广"低碳能源技术""增加碳汇""促进碳吸收技术发展"。2009年4月，国家发展和改革委员会已着手制定"推进低碳经济发展的指导意见"。同年11月，国务院常务会议决定，到2020年我国单位国内生产总值二氧化碳排放比2005年下降40%~45%，并将这一指标作为约束性指标纳入国民经济和社会发展中长期规划。2011年11月，国务院新闻办公室发表《中国应对气候变化的政策与行动（2011）》，提出了未来五年的减排目标。2020年9月习近平主席在第75届联大一般性辩论上宣布碳达峰、碳中和目标后，国家更是加快了低碳发展进程。2020年12月中央经济工作会议上将碳中和列为八项主要任务之一。2021年3月中央财经委第九次会议上把碳达峰、碳中和纳入生态文明建设整体布局。2021年4月中央政治局29次集体学习中强调降碳为重点战略方向，经济社会发展全面绿色转型，并要求各级党委和政府拿出明确时间表、路线图和施工图。2021年5月，碳达峰碳中和工作领导小组首次全体会召开。2021年9月碳排放统计核算工作组成立，负责组织协调全国及各地区、各行业碳排放统计核算等工作。

目前，低碳经济发展在我国还处于攻坚阶段，还没有形成自己的特色发展模式，在实践中面临许多棘手问题，各低碳经济发展主体的作用还没有得到很好的发挥。本书重点研究山东省这个典型高能耗高排放区域的碳排放现状，着重研究区域内部16市低碳经济发展现状，针对不同特点的区域提出具体的低碳经济发展模式。这些模式的提出可以为其他相似区域低碳经济发展提供一定的参考。

1.1.2 研究意义

鉴于大家对全球气候异常变化的日益关注，低碳经济概念自提出以来，一直是专家学者不断探讨和研究的重要课题。但是，作为一个新的研究领域，在低碳经济理论认识方面存在不足，纵观目前研究成果，立足于区域视角的理论研究较为薄弱。因此，尽管近年来低碳经济研究是热点，但关于区域低碳经济发展模式的研究还寥若晨星，且现有的少量研究成果也具有很大的局限性，在实践中仍然难以操作。

本书针对我国低碳经济理论研究现状及实践发展需要，界定了低碳经济的概念，从理论上将我国低碳经济发展趋势划分为起步阶段、发展完善阶段、成熟阶段，研究了各个阶段低碳经济发展的不同主体和动力。本书还对区域低碳经济的发展模式做了专门研究，从低碳经济发展模式的概念、影响因素及其与运行模式的关系等方面做了研究。在此基础上，借鉴国内外低碳经济发展的模式，密切结合山东省省情，设计了山东低碳经济发展的具体模式。这些研究在一定程度上深化了低碳经济理论研究的内容，拓宽了研究的视野，具有一定的研究意义。本书的研究意义在于以下方面。

1. 提出区域低碳经济发展模式

在传统工业文明下，区域经济发展是以经济利润最大化作为唯一目标，与之相伴的是高能耗、高污染、低产出，由于目标函数偏差所致，很难实现人与环境、资源之间关系的真正和谐，也难以实现区域低碳发展。要实现区域低碳发展，必须将区域发展的单一经济目标转向社会成本最小化、经济收益最大化和生态受益最大化的多目标，将生产低碳化、消费低碳化、生活低碳化等统筹考虑，坚持降碳、减污、增绿和增长四位一体协同推进，实现区域低碳经济发展。

本书在梳理国内外低碳发展理论研究现状和实践经验的基础上，提出区域低碳经济发展模式分析框架。这一分析框架主要包括三个步骤。首先，明确区域低碳发展的总体目标是保障能源安全和应对气候变化以及实现区域经济、社会、生态等多目标协调发展；其次，对区域低碳经济发展态势进行分析，厘清影响该区域低碳经济发展的核心影响因素；最后，从不同层次提出区域低碳经济发展具体模式。不同类型的区域由于其低碳发展水平的差异，其低碳发展目标和任务也不同，发展低碳的模式当然不可能相同。低碳发展水平较高的区域，往往生态环境良好，低碳发展基础较好，可以充分发挥低碳技术方面的优势，通过积极创新占据先机，保持该区域较好的低碳发展势头。低碳发展水平较差的高碳经济区域，应充分利用低碳发展的契机，实现高碳产业的低碳化，同时加大低碳产业的培育，争取能迎头赶上先进区域。

2. 具体指导山东省低碳经济实践

山东省是我国的能源大省，重工业和高能耗产业所占比重较高，长期高投入、高能耗、高污染、低效率的粗放型经济方式难以为继。《山东统计年鉴2020》中的综合能源平衡表显示，山东省是国内第一能耗大省，2019年山东能源消费总量达41390万吨标准煤，消费结构中煤品和油品占比高达83.8%，也是碳排放最多的省份。山东省虽然是能源生产大省，但能源供给早已经不能自给自足。2019年山东省内一次能源生产量仅为13499.5万吨标准煤，省外净调入13756.8万吨标准煤，净进口量为14573.3万吨标准煤。实现新旧动能转换，调整能源结构，控制山东省碳排放的增长，发展低碳经济，不仅是实现区域经济社会可持续发展的重要保证，也是我国实现碳达峰、碳中和目标的关键。

作为国内最大的能耗大省和碳排放大省，山东省实现低碳经济发展对全国节能减排目标的实现意义很大。本书重点研究山东省这个特定范围内的碳排放现状，着重研究区域内部16市低碳经济发展现状，针对不同特点的区域提出具体的发展模式。这些研究内容对指导山东省发展低碳经济具有一定的实践意义。

3. 为其他区域发展低碳经济提供借鉴

山东省的能源消耗及二氧化碳排放现状特点与内蒙古、山西等不少省份相似，从工业化发展阶段、产业结构特点、城市化阶段等宏观指标分析，山东省低碳发展状态甚至大体可以被视为中国的一个缩影。因此，对于山东省区域低碳经济发展模式的探讨可以为相关省份乃至中国发展低碳经济提供借鉴。本书针对山东省16市不同的低碳经济发展水平提出了不同的低碳经济发展模式及思路，并提出针对性的实施政策，这些研究成果可以为其他区域提供借鉴。

1.2 国内外研究述评

1.2.1 国外研究现状

2006年10月由前世界银行经济学家尼古拉斯·斯特恩牵头编著的《斯特恩报告》在英国发表。该报告运用成本—收益分析方法，对气候变化造成的经济影响进行了详尽分析，有力地驳斥了各类质疑观点，呼吁各国尽快向低碳经济转型。IPCC（2001）认为，要实现21世纪中期以二氧化碳为主的温室气体浓度维持在现有水平，工业化国家温室气体排放应减少60%。根据这一命题，国外的专家学者围绕碳减排与经济增长关系，碳排放的影响因素以及实现低碳经济的制度安排等方面展开研究。

1. 碳减排与经济增长关系探讨

1992年《联合国气候变化框架公约》和1997年《京都议定书》通过后，碳减排和经济增长关系成为学术界的研究热点之一，迄今为止尚未有定论。碳减排与经济增长关系探讨研究思路有两条，一条是环境库兹涅茨曲线，另一条是耦合—脱钩理论。

有些专家学者围绕环境库兹涅茨曲线展开二氧化碳排放EKC实证研究。孙（Sun，1999）对二氧化碳排放库兹涅茨曲线本质进行了探讨，分析曲线存在的可能性。里士满（Richamond，2006）利用20个OECD国家和16个非OECD国家1973～1997年的面板数据进行分析，结论是OECD国家收入与碳排放之间存在拐点，而非OECD国家两者之间不存在EKC关系。加莱奥蒂（Galeotti，2006）的实证分析也验证了这一观点，OECD国家存在较明显的拐点，但非OECD国家处于缓慢上升阶段，不存在EKC拐点。黄等（Huang et al.，2008）对发达国家碳排放的EKC进行了研究，结果发现美国、加拿大、日本、德国等国家符合碳排放的EKC关系，而意大利、葡萄牙和西班牙呈线性递增关系，英国、法国呈线性递减关系。综合这类研究结果，大部分研究认为二氧化碳排放EKC存在，与人均收入之间存在线性、二次和三次递减形式的关系，但对于EKC拐点所对应的人均收入数值，研究结果却大相径庭。

有的学者运用耦合—脱钩理论研究GDP与能源及碳排放之间的关系。OECD（2002）对比分析了脱钩指标的国家差异后，发现环境与经济脱钩的现象普遍存在于OECD国家中，而且还有可能实现环境与经济的进一步脱钩。塔皮奥卡（Tapioca，2005）通过脱钩指标的设计，构建了耦合脱钩理论框架，将脱钩现象进一步细分为相对脱钩和绝对脱钩，利用EU国家的数据对交通运输行业二氧化碳排放与GDP之间关系进行了研究。定量分析结果表明，经济发展与碳排放关系在不同的历史阶段存在差异，有的国家仍处于经济增长与碳排放的耦合期，有的国家已经出现明显的拐点，从长期发展来看，在低碳经济模式下，经济增长不依赖于化石能源的消耗，经济增长和温室气体排放的减少是可以同时实现的。

2. 碳排放驱动因素及相互关系分析

欧利希等（Ehrlich et al.，1970）提出了 IPAT 方程，用以表征环境问题的成因，即环境问题是由人口、富裕度和技术因素综合作用的结果。用方程表示为 $I = P \times A \times T$，其中 I 代表环境影响，P 代表人口，A 代表富裕程度或者经济发展水平，通常用 GNP 或 GDP 表示，T 表示广义的科技水平，用单位 GDP 产生的污染物来表征。在此基础上，日本学者的 Kaya 方程，揭示了碳排放的四个推动因素，即人口规模、经济规模、能源强度和能源碳排放系数。Kaya 方程通过一个简单的公式令能源碳排放量计算成为可能[①]。此后的研究大多围绕人口、经济发展水平及能源进行细化分析或者是对三者因果关系进行探讨。普利亚菲托（Puliafito，2008）和道尔顿（Dalton，2008）分别采用不同的模型得出了共同的结论，即不仅人口规模影响碳排放量，人口结构也会对碳排放量产生影响，人口老龄化因素可能降低碳排放量。拉马纳坦（Ramanathan，2006）运用数据包络分析法同时分析了 GDP、能源消耗与碳排放量之间的相互关系，基于 DEA 分析的技术预测得到了碳排放量与能源消耗量的曲线图。索伊塔斯等（Soytas et al.，2007，2009）采用 VAR 模型对美国和土耳其能源消耗、GDP 与碳排放之间的关系进行了实证研究，研究结果显示，碳排放增长的格兰杰成因不是 GDP 而是能源消耗。

定量分析的结果表明，处于不同碳排放演化阶段驱动因子的影响和贡献有所不同。在碳排放强度达到高峰阶段之前，碳排放增长主要取决于能源消耗因素，化石能源消耗是碳排放的主要来源；在碳排放强度高峰到人均碳排放量高峰阶段时，经济增长是碳排放量的主要决定因素；在人均碳排放量度过高峰阶段之后，碳减排技术是绝对取决因素。能源消耗是碳排放量的重要影响因素。因此碳减排政策应关注能源消耗，通过技术改革、产业结构升级，降低能源强度；增加清洁能源的使用和可再生能源的利用率，降低碳强度。

碳排放因素除了人口、经济发展水平、能源等国内因素外，国际贸易也是重要影响因素。斯特雷斯基和林奇（Stretesky and Lynch，2009）以 169 个国家 1989～2003 年的面板数据为样本，研究了这些国家人均

---

① http：//www.manicore.com/anglais/documentation_a/greenhouse/kaya_equation.html.

碳排放量与他们对美国出口量之间的关系。研究结果表明，169个国家的人均碳排放量与对美国出口量之间存在显著的关系，一个国家人均碳排放量伴随其对外出口的增加而增长。冯和杨（Feng and Yang，2009）认为，国际贸易不仅实现产品在世界各国之间自由流动，而且也使碳排放在国与国之间可以自由流动。根据他们的研究结果，1997~2007年期间，中国碳排放量的10.03%~26.54%是由出口产品生产所致。定量分析表明，在开放经济下，国际贸易是碳排放的重要影响因素，尤其是天然气、石油和煤炭、化工产品等四个行业对人均碳排放量的影响最大。

3. 实现低碳经济制度安排及政策

低碳经济发展模式是全球气候恶化背景下的新经济发展模式，各国为推进低碳经济发展在制度安排上普遍采用征收碳税制度和碳交易制度。

碳税最早是在1990年由芬兰开征，此后瑞典、荷兰、意大利、英国、日本、加拿大等许多发达国家也先后开始征收碳税。碳税是通过对燃煤和汽油、航空燃油、天然气等化石燃料产品，按其碳含量的比例征税，以实现减少化石燃料消耗和二氧化碳排放的目的。围绕碳税制度的实际效果，若干学者展开研究。俊彦（Toshihiko，2001）利用日本数据进行实证研究表明，能源税和碳税的征收能使碳排放降低到预期目标水平，而且能促进能源结构由碳强度高的煤向碳强度低的天然气转变。布鲁沃尔（Bruvoll，2004）对挪威征收碳税的效果进行分析研究，研究结果表明，1990~1999年挪威单位GDP碳排放量降低了12个百分点，但碳税贡献率仅为2.3%，证明征收碳税对碳减排的作用不大。定量分析表明，碳税征收制度对碳减排有一定效果，但由于各国碳税税率的差别仍然很大，要达到减排目的，必须协调各国税率并对能源税制进行改革。碳交易制度研究。目前世界上最大的碳交易项目是基于《京都议定书》提出的三种排减机制，即清洁发展机制（CDM）、联合履行机制（JI）、排放交易机制（ET）。利斯基（Liski，2000）指出，CDM机制下的项目型碳交易不仅有利于发展中国家吸收发达国家的资金和技术，也有利于发达国家降低减排成本。其他政策分析。斯特恩（Stern，2006）认为制定应对气候变化的政策需要具备三个关键因素，即确立碳的定价机制和技术政策以及建立一个全世界的碳市场。雷迪（Reddy，

2007）认为实现碳减排的途径主要是提高能源使用效率，发展可再生能源，投资碳捕捉和储存以及减少森林砍伐。

研究结果表明征收碳税和建立碳交易制度是学者普遍赞成的制度安排。

4. 区域碳排放评估预测及政策研究

针对区域低碳发展层次，国外学者重点研究了在未来特定时期、特定区域内，城市尺度的长期低碳社会情景发展模型评估预测碳排放。在区域尺度低碳社会的方法论研究上，滕帕尼（Turnpenny，2004）开发了应对气候变化的区域发展模型，假设了4种情景，假定通过3种不同的方法实现降低60%碳排放的目标，并以英国西部地区为例进行了实证应用。西方学者的预测模型研究主要是针对经济发展水平较高，碳排放影响因子结构稳定的特定区域如城市区域。爱德华（Edward，2008）系统地研究了城市的碳排放量计算模型及其应用分析，从碳排放的经济学角度，对美国10个典型大城市中心与郊区单位家庭采暖、交通、空调及生活能耗进行了实证研究。克里斯（Chris，2007）以英国家庭为例，把生活支出及各种物质的消耗定量化，并转化为排放，以数据形式展示了家庭生活碳排放的未来情景及低碳化生活方式的迫切需求。岛田等（Shimada et al.，2007）构建了一种城市尺度低碳经济长期发展情景的方法，并将此方法应用到日本滋贺地区。

在国家宏观层面上，提出低碳经济发展长期发展政策难度很大，因为国际环境具有不确定性。但在区域层面上，碳减排指标容易量化，政治压力较小，有助于一些地区作为试点实施低碳经济，带动地区间的良性竞争（race to up）（张可云，2011）。此外地方政策对当地居民的实际有着更细致的考虑，以适应地区间差异巨大的属性。岛田等（Shimada et al.，2007）提出建立区域宏观低碳政策的基本思路。首先应分析本区域经济活动水平、社会变化和所受外部经济的影响，其次计算各部门的能源需求量，最后量化对各产业的碳排放估计并设计本区域的低碳发展方案。而西比亚司（Schreurs，2008）则在考察四个案例的基础上，提出了地方政府在实施低碳政策方面具有局限性的结论，原因包括不能开征环境税，不能建立能源效率标准和能源政策，该区域的减排效果可能被周边地方增加的碳排放减弱等问题。

1.2.2 国内研究现状

1. 低碳发展模式内涵研究

胡鞍钢（2003）提出用发展低碳经济的"绿猫"模式取代传统的"黑猫"模式的发展思路，认为中国面临的发展方向是从高碳经济向低碳经济转变，应积极开发低碳能源，发展低碳产业、低碳城市。国家发改委能源研究所研究院姜克隽（2008）认为"低碳"是一种更好的生活方式，是中国发展经济的最佳模式。低碳是指"低温室气体"，是以低能耗、低污染为基础的经济，是在发展中排放最小量的温室气体，同时获得整个社会最大的产出。发展低碳经济的基本出路是技术创新和技术变革，调整能源结构，推广核能和可再生能源，改进技术，提高煤炭利用效率和电力部门推广超越临界技术。付允等（2008）认为低碳经济的发展模式就是在实践中运用低碳经济理论组织经济活动，将传统经济发展模式改造成低碳经济的新经济模式。低碳经济发展模式就是以低能耗、低排放和低污染，高效能、高效益和高效率为基础，以低碳发展为发展方向，以节能减排为发展方式，以碳中和技术为发展方法的绿色经济发展模式。中科院院士金涌（2008）提出，低碳经济是以低能耗、低污染为基础的绿色生态经济，发展低碳经济主要通过调整产业结构与能源结构，加强科技创新，优化消费过程，加强政策法规支持等方面展开，他特别强调科技创新的重要作用。庄贵阳（2008）认为低碳经济发展模式需要从优化能源结构、提高能源使用效率、发挥碳汇潜力，加强国际合作等方面进行。能源经济学家林伯强（2009）将低碳经济视为第二次经济全球化，提出中国低碳转型应该以节能为主，新能源开发为辅，他认为发展新能源具有减少石油对外依存度和节能减排的双重意义。朱四海（2009）认为低碳经济发展模式是由高碳能源向低碳能源过渡的经济发展模式，低碳经济的本质是碳中和经济。发展低碳经济的关键是转变经济增长方式，减少对于高碳能源的依赖，主要通过降低人为碳排放量，开展碳预算，发展低碳技术，进行能源结构转换等途径实现。

2. 碳排放估算及影响因素研究

碳排放研究有的着重在区域层次，有的着眼于不同产业。在区域层次上，徐国泉等（2006）基于碳排放量的基本公式，用对数平均权重 Disvisia 分解法，建立了中国人均碳排放的因素分解模型，定量分析了 1995~2004 年经济发展、能源效益及能源结构等因素对人均碳排放量的影响。研究显示，经济发展对人均碳排放量贡献率为指数增长，而能源效益和结构对抑制中国人均碳排放量贡献率呈倒 U 形；查冬兰等（2007）在对中国 28 个省份能源利用效率进行差异分析的基础上，研究了能源消耗导致的人均碳排放量的区域差异；张雷（2003）对经济发展与碳排放的关系进行研究，认为经济和能源消费结构多元化演进将促进国家由高碳经济向低碳经济转变；邹秀萍、陈邵峰等（2010）在能源导致碳排放核算基础上，利用 1995~2005 年中国 30 个省份的面板数据定量分析碳排放量与经济发展水平、产业结构以及能源效率之间的关系，研究表明，经济发展水平与碳排放量呈倒 U 形曲线，产业结构与碳排放呈 N 形曲线，能源消耗强度与碳排放呈 U 形曲线。在行业层次上，何介南和康文星（2008）利用 ORNL（oak ridge national laboray）提出的二氧化碳排放量计算方法对 2000~2005 年化石燃料消耗和工业生产过程中的碳排放量进行了估算；王铮、朱永彬等（2010）从能源消费、水泥生产和森林碳汇三个方面对中国未来碳排放发展趋势进行了较全面的估算；张德英（2005）建立了工业部门碳模型，对我国工业部门的碳排放量进行了估算，认为以投资为主的增长模式和第二产业为主的产业结构是高碳排放的主要原因；马忠海（2002）利用生命周期理论估算了我国煤电、核电和水电能源链的温室气体排放系数等。

3. 低碳发展路径研究

杨志等（2009）提出了"绿色 + 资本 + 网络 + 制度"的低碳经济发展新模式，提出"绿色资本"是当代世界经济可持续发展的一个最强有力的推动力，也是当代经济社会结构变迁过程中一个最具潜质的资本形式。在市场经济框架下，环境因素、气候变化等亦可以为投资带来利润。推进绿色经济发展，一定要借助"绿色网络"，即信息化、全球化的观念和方式。"制度"则给经济运行提供规则和框架，并进一步加快当代经济运行速度。裘苏（2009）在借鉴日本和我国台湾地区低碳经济发展的经验基础上，提出了浙江省低碳经济的发展模式。李友华等（2009）提出了我国低碳经济发展的对策，主要包括制定低碳经济发展战略，加强低碳经济技术创新、制度创新，搞好低碳示范区，发展低碳能源产业体系等几个方面。宋德勇等（2009）认为要改进我国的低碳经济政策体系政策工具应该从主要依靠行政手段向以主要依靠市场机制转变，强调了市场机制在低碳经济发展中的作用。陈柳钦（2010）认为，低碳经济是以低能耗、低污染、低排放为特征的经济模式，发展低碳经济模式应该加快构建发展低碳经济的国家战略框架、社会行动体系和规划体系，积极构建"低碳经济试点区"，探寻发展低碳经济的具体途径；同时要积极发展碳金融市场，积极鼓励技术创新，建立发展低碳经济的法制保障机制，加强国际合作与交流，提高共同应对气候变化能力等。邢继俊（2010）将我国低碳经济发展分为初期、中期和晚期三种模式。初期发展模式通过自上而下调整，优化产业结构，逐步淘汰高耗能产业；中期发展模式通过自下而上调整，制定相关法律法规，促进新能源发展等方面；晚期发展模式主要通过促进低碳社会可持续发展，持续开发新能源和重视低碳社会伦理文化建设几个方面。

4. 与低碳实践相关的其他研究

西方的低碳实践往往围绕能源规划，调整产业结构，发展低碳技术，运用低碳政策工具及推广低碳消费与低碳生产等方面展开。国内学者专家也围绕这些问题进行一些研究。

低碳能源研究。国内对于低碳能源的研究主要是关于低碳能源重要意义及如何发展低碳能源等方面。陈柳钦（2011）认为，发展低碳能源是我国缓解能源与资源供需矛盾、遏制环境污染的重要途径，发展低碳能源应大力发展分布式能源系统，加强建筑、交通两大消耗领域低碳能源利用，促进生物质能源的有效利用，全方位推进核能、风能和太阳能的安全利用等。低碳产业研究主要是围绕不同区域层面低碳产业实现路径展开。伍华佳（2010）认为，实现产业低碳化的路径是在产业结构政策、产业组织政策和产业技术政策的导向下，实现产业低碳可持续发展。低碳城市研究是近几年的研究重点，城市碳排放估算、低碳城市评价指标体系以及低碳城市建设路径是学者关注的主要问题。谭志雄和陈德敏（2011）从总体模式、指导理念、基本思路、主要领域等方面对低碳城市发展模式进行了构想，认为我国低碳城市发展模式应选择"C"模式，以低碳发展为主导方向，以节能减排为发展方式，以低碳生产和低碳生活为主要方法。按照控源、减碳、增汇的基本思路，依靠理念创新、技术创新和制度创新，在低碳产业、低碳能源、低碳技术以及低碳生活等领域，实现城市的低碳发展。低碳消费和低碳生活研究都是围绕如何建立低碳消费理念和低碳生活方式展开研究。陈柳钦（2010）提出，低碳消费是低碳经济的重要环节之一，它首先需要一种理性态度，其次形成一种良好习惯，最后定型为一种价值观。低碳消费建立需要改变观念，政府引导至关重要，企业是推动中枢，公众参与是社会基础。关于低碳技术研究，学者们都高度强调了低碳技术在低碳经济发展中的核心地位，提出我国发展低碳技术的具体思路。洪燕真与刘燕娜等（2011）基于连环回路模型提出低碳技术发展思路，认为应强化低碳技术创新技术系统用以实现社会价值与市场价值整合，通过示范强化技术系统与管理系统的链接以及强化低碳技术创新管理系统以提高产业附加值。

1.2.3 研究述评

从目前研究现状，西方各发达国家及其经济学界在低碳经济的内涵、碳排放的驱动力因素分析、低碳政策工具选择以及碳排放交易制度等方面的研究取得了很大突破，尤其是人类经济活动对碳排放的影响更是研究的热点。国内的研究更加偏重于低碳发展的路径与宏观策略研究，在研究方法上较多借鉴国外研究的成果，开创性的研究不多。这些探讨研究结果对于区域低碳经济发展模式研究提供了有益的借鉴，但是从总体上看，上述研究成果存在一些明显不足。

1. 偏重实证，理论研究相对欠缺

目前，低碳经济作为一个前沿的经济社会概念，国内外都偏重于实证分析，在理论体系上的发展尚不成熟，其理论基础、基本特征、运行规律等方面的研究相对滞后，亟须形成较为完善的理论体系，这也为今后深入研究提供了广阔空间。2003年，英国提出低碳经济后并没有详细概述低碳经济的理论内涵及其外延，而是提出实现"低碳社会"的未来减排要求，并进行积极的实践探索。日本、德国等国家也未提出低碳概念，但也设置未来年份的减排目标。国内学者虽然对低碳经济理论内涵、实施低碳的必要性及实施低碳经济的路径选择等方面进行了研究，但仍显单薄，无法对低碳经济发展提供必备的理论指导。

2. 国家、行业层面研究较多，中观尺度区域研究相对滞后

国内的低碳经济发展模式探讨较多关注国家层面宏观政策研究，具体的中观层次的区域研究不足，研究不够深入。目前只是提出了一些低碳经济发展模式基本概念，对于具体如何保证模式获得成功以及低碳经济发展模式的具体内涵方面的研究不够深入，缺乏案例支持。区域差异和共性存在要求低碳经济发展应重视区域层次研究，而且，对于一个国家低碳发展的研究不仅需要国家层面评估，还需要从区域格局变化来把握。实际上，在二氧化碳减排和低碳经济发展工作中，地方政府是重要的管理者和实施者，从省区级层次上对我国低碳经济发展进行研究具有重要意义，制定的相关政策才会具有更为明确的针对性和更为良好的可操作性。

另外，具体产业发展模式研究欠缺。目前大多数研究主要从宏观层面上研究，而分产业的研究，比如农业、工业如何形成自己低碳经济发展模式，各个区域间如何协调，形成各具特色的产业融合的低碳发展模式值得研究。

总之，目前国内外社会各界对区域低碳经济发展模式研究较少，从一个典型省份角度研究发展模式有一定意义。

1.3　研究思路与框架

1.3.1　基本思路

本书的研究目的主要有两个，一是构建基于可持续理念的区域低碳经济发展的核心内涵及加强相关理论研究，二是探索不同低碳发展水平的区域发展低碳经济的具体路径。

基于上述目的，本书的研究思路如下：首先，研究分析现有理论研究成果。大量阅读国内外相关低碳经济发展的研究视角及其研究成果，为低碳经济的发展模式提供思路和借鉴。其次，对低碳经济及其发展模式进行理论研究。在前面研究的基础上，对低碳经济的概念、特征、运行模式、发展阶段以及推动力形成了较明确的认识。再次，分析比较国内外低碳经济的发展模式。选择美国、英国、欧盟等发达国家以及俄罗斯、印度等发展中国家发展低碳经济的典型模式以及国内低碳经济发展模式实践，总结其成功经验，剖析其不足之处，为构建山东省低碳经济模式提供参考。最后，设计山东省低碳经济的发展模式。在前面分析总结经济及其发展模式理论研究、分析比较国内外低碳经济发展现状提出适合山东省省情的低碳经济发展模式。

1.3.2 框架结构

按照以上研究思路，本书共安排了七个部分：第一部分为导言。主要介绍了本书的选题背景与意义、国内外研究现状、本书的基本思路与框架结构以及研究方法等内容。第二部分为理论基础。理论基础主要分析环境经济学、能源经济学及可持续发展等方面的相关理论。文献综述主要从国外理论成果和国内研究成果两方面展开简要评述。第三部分为区域低碳经济发展模式研究及国内外低碳经济模式启示。首先，界定了低碳经济的概念，总结了低碳经济具有的经济性、低碳性、相对性等特征，通过和传统经济发展模式的对比提出了低碳经济的运行模式；其次，根据低碳发展水平、政策体系、制度建设等因素的演变，从动态的角度把低碳经济划分为不同的阶段并明确了不同阶段低碳经济发展的主体及动力。然后对国内外区域低碳经济发展典型模式进行提炼总结并提出对我国发展低碳经济的启示。第四部分为山东省发展低碳经济发展的态势分析。从社会发展、经济发展、能源消耗及碳排放等角度分析了山东省发展低碳经济的条件。第五部分区域低碳发展综合评价及类型划分。该部分内容构建区域低碳发展综合评价指标体系，并对山东省进行实证分析，然后对山东省16市进行低碳类型划分。第六部分山东省低碳经济发展模式选择。根据该部分从两个层次进行分析，一个是山东省整个省份区域考虑低碳经济模式的选择，另一个是根据山东省16市不同的低碳发展水平，将16市分为三类，分别提出了不同的发展模式选择。第七部分为结论及有待进一步研究的问题。我国发展低碳经济不能完全照搬国外，应发展符合本地情况的低碳经济发展模式；低碳经济发展模式的构建需要政府、企业和公众共同努力。同时，指出对低碳经济发展模式的评价及协调问题还有待进一步研究（见图1-1）。

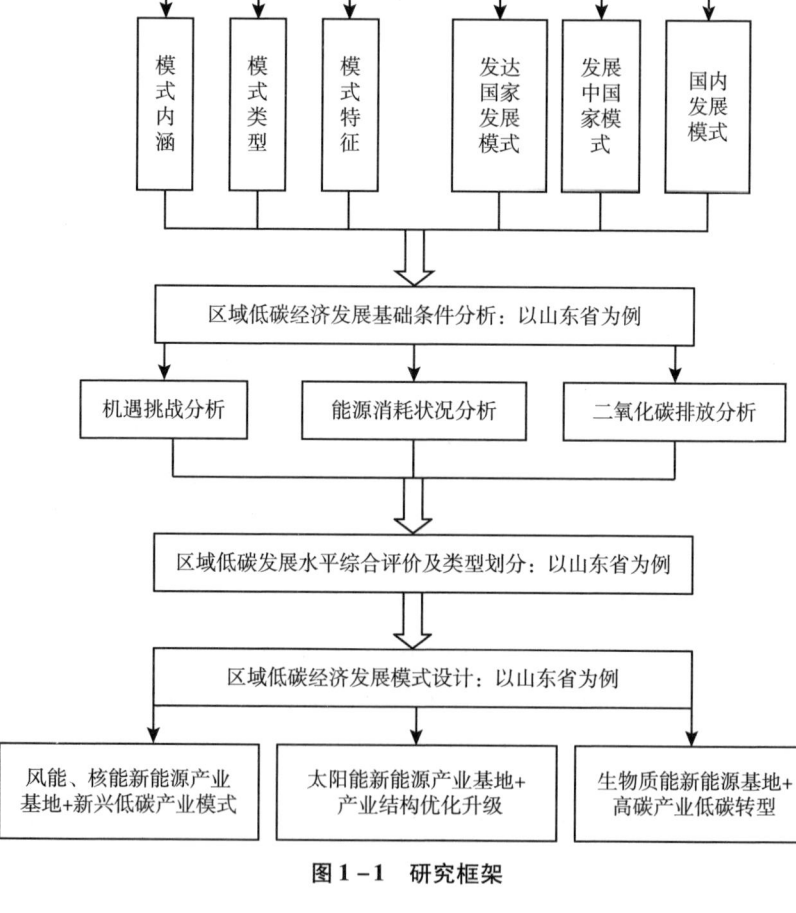

"双碳"目标约束下区域低碳经济发展模式研究

```
                    ┌─────────────────┐
                    │  研究背景及意义  │
                    └────────┬────────┘
                             ▼
                    ┌─────────────────┐
                    │ 国内外研究现状述评│
                    └────────┬────────┘
                             ▼
                    ┌─────────────────┐
                    │    理论基础      │
                    └────────┬────────┘
                             ▼
         ┌───────────────────┴───────────────────┐
         ▼                                       ▼
┌───────────────────┐                 ┌───────────────────┐
│区域低碳经济理论框架研究│                 │ 区域低碳经济实践研究│
└─────────┬─────────┘                 └─────────┬─────────┘
    ┌─────┼─────┐                         ┌─────┼─────┐
    ▼     ▼     ▼                         ▼     ▼     ▼
  ┌──┐  ┌──┐  ┌──┐                     ┌──┐  ┌──┐  ┌──┐
  │模│  │模│  │模│                     │发│  │发│  │国│
  │式│  │式│  │式│                     │达│  │展│  │内│
  │内│  │类│  │特│                     │国│  │中│  │发│
  │涵│  │型│  │征│                     │家│  │国│  │展│
  └──┘  └──┘  └──┘                     │发│  │家│  │模│
                                       │展│  │模│  │式│
                                       │模│  │式│  └──┘
                                       │式│  └──┘
                                       └──┘
                             ▼
              ┌──────────────────────────────────┐
              │区域低碳经济发展基础条件分析：以山东省为例│
              └──────────────┬───────────────────┘
         ┌────────────────┬──┴──┬─────────────────┐
         ▼                ▼                       ▼
   ┌──────────┐    ┌──────────────┐        ┌──────────────┐
   │机遇挑战分析│    │能源消耗状况分析│        │二氧化碳排放分析│
   └──────────┘    └──────────────┘        └──────────────┘
                             ▼
          ┌──────────────────────────────────────┐
          │区域低碳发展水平综合评价及类型划分：以山东省为例│
          └──────────────┬───────────────────────┘
                         ▼
              ┌──────────────────────────────┐
              │区域低碳经济发展模式设计：以山东省为例│
              └──────────────┬───────────────┘
         ┌───────────────────┼───────────────────┐
         ▼                   ▼                   ▼
┌──────────────────┐ ┌──────────────────┐ ┌──────────────────┐
│风能、核能新能源产业│ │太阳能新能源产业基地+│ │生物质能新能源基地+│
│基地+新兴低碳产业模式│ │  产业结构优化升级  │ │ 高碳产业低碳转型 │
└──────────────────┘ └──────────────────┘ └──────────────────┘
```

图 1-1　研究框架

1.4 研 究 方 法

本书主要围绕低碳经济发展模式的内涵、特征及类型进行理论探讨，在分析山东省低碳经济发展态势的基础上参考借鉴国内外低碳经济发展模式，提出山东省低碳经济发展模式。由于是低碳经济模式研究，因此本书主要采用模式分析方法进行研究，另外还用到理论文献研究、比较分析、综合研究等方法。

1. 模式分析方法

模式分析方法已成为认识事物和解决问题的重要方法之一。所谓模式分析方法是指通过把事物及其运动方式进行理论概括，进而认识事物运行规律并用于解决类似问题的方法。模式分析方法之所以被人们广泛运用，是因为它有三大特点：首先，通过对各种事物运动规律的提炼而概括为不同的模式，有助于人们在相同或相似的条件和环境下参照相应模式来解决或处理所面临的实际问题；其次，通过提炼事物的基本特征而将它们简单地概括为不同的模式，有助于人们认识和把握复杂事物的本质及运动规律；最后，面对事物新的发展和变化，在已有理论不足以解释和解决其发展变化时，通过对其进行模式概括，有助于突破已有理论的束缚，使人们能从思想上认识和把握事物的发展规律。

2. 理论文献研究法

对国内外相关研究进行文献梳理总结是从事科学研究的基础。目前，国内外经济学、环境学、生态学、系统科学等学科的相关学者在低碳经济等相关领域都进行了相关的理论研究与实证分析，取得了一批研究成果，对前人相关文献的研究，不仅可以吸收已有研究成果的精华，找出研究薄弱之处，还可以明确本书的科学问题。为准备本书，笔者收集了较多的中、英文研究文献，并整理了大量的相关统计年鉴，为本书奠定了扎实的资料信息基础。本书通过阅读大量国内外相关理论文献，分析了目前关于低碳经济发展的理论研究现状并对其进行了简评，特别是对理论界关于低碳经济的发展模式的研究成果做了总结分析，充分肯定了其中的创新之处，同时意识到其中存在的问题，从而为我国低碳经济发展模式的重构提供了思路和借鉴。

3. 比较经济学法

比较分析法是将两个或多个同类或相近的事物进行对比分析，寻找它们之间的共性和差异，并根据分析结果预测同类事物的发展趋势。比较经济学（comparative economics）是研究不同社会制度或同一社会制度的不同国家的经济理论、制度的学科。通过比较分析，衡量优劣，总结经验，为一国经济体制改革、经济结构调整和制定有关经济政策提供依据。本书不仅对英国、丹麦、德国等国家低碳经济的发展模式进行了对比分析研究，而且比较分析了我国低碳经济发展模式的现有理论研究成果，设计出山东省及其16市发展低碳经济应该采用的发展模式。

4. 综合集成研究法

1990年，钱学森等学者首次把处理开放的复杂巨系统的方法命名为从定性到定量的综合集成方法。综合集成方法的主要特点包括以下几点：一是定性研究与定量研究相结合。定性理论分析由于其逻辑思维方法的优势在本书写作中不可或缺，定量分析可以提高结论的科学性，因此在书中对低碳经济有关理论进行了研究探讨，同时运用了较多的数据、指标和图形，把理论分析与实证分析结合起来，用以提高研究结论的可信度和对策建议的可操作性。二是科学理论与经验知识相结合，将人们对客观事物的知识综合解决实际问题。三是利用系统思想把多种学科结合起来进行综合研究。低碳经济发展涉及经济学、法学、系统学、生态学、环境伦理学、系统工程学、哲学等多种学科理论，仅依赖一种理论难以把握低碳经济的本质并指导低碳经济发展的实践。四是将复杂巨系统的层次解构，把宏观研究和微观研究结合起来。

第 2 章 理论基础

区域低碳经济发展模式研究涉及经济学、地理学、可持续发展理论及循环经济、生态经济等诸多学科领域的理论。

2.1 外部性与公共物品理论

2.1.1 外部性理论

外部性理论是福利经济学的重要内容，也是环境经济学的重要理论支柱。外部性概念最早是由艾尔弗雷德·马歇尔和亨利·西季维克率先提出的。20 世纪 20 年代，庇古（Pigou）进一步提出并完善了外部性问题，并从社会资源配置角度，应用边际分析方法，提出边际社会收益和边际私人收益，最终形成完整的外部性理论（平迪克、鲁宾菲尔德，2009）。

外部性也被称为外部效应或者外部影响，是指一个经济行为主体的经济活动对其他经济行为主体产生影响，且这种影响没有被计入市场交易的成本和价格中。外部性可以产生在生产者之间、消费者之间或者生产者与消费者之间。外部性可以是正的外部性，也可以是负的外部性。当一个经济行为主体的行为使另一方受益时产生正的外部性，此时私人收益小于社会收益；当一个经济行为主体的行为使另一方付出代价时产生负的外部性，此时的私人成本小于社会成本。不管是正的外部性还是负的外部性都造成资源配置的低效率。负的外部性导致的市场失灵可以通过惩罚性的税收、限定排放标准、收取排放费、发放可转让许可证、对废弃物再生利用等措施加以纠正。

温室气体排放属于一种典型的负外部性行为。过多的温室气体排放使系统的结构和功能发生改变，造成冰川融化、海平面上升、气候异常等后果，从而对人类的生存和发展造成威胁。温室气体被排放到作为公共物品的大气中去，对社会造成的成本没有体现到排放者成本中，因此排放者将选择对自身来说成本最低、利益最大化的方法处理温室气体，但这些方法对于社会而言成本却不是最低的。一个国家温室气体的排放对于别的国家也是负的外部性。因此，不加干预的温室气体排放会加大气候变化异常的风险，而且还会影响一些积极控制温室气体排放的国家或经济个体的积极性。导致温室气体排放过多的直接原因是生产活动和消费活动的负外部性，即负外部性存在导致市场不能有效地配置资源。

从经济学外部性角度分析，传统高碳排放企业属于典型的外部不经济产业，其社会成本大于私人成本。如图 2-1 所示，MPC、EC、MSC 分别为边际私人成本、外部性成本和边际社会成本，MSC = MPC + EC，MPR 为边际私人收益。高碳企业产生的边际社会成本大于边际私人成本，如果企业按照边际私人收益等于边际私人成本的原则决定其产量 Q_0，将造成产量过高、定价过低的现象，进而导致能源消耗过多，环境污染加剧的恶果。低碳产业则属于典型外部经济型产业，即社会获利

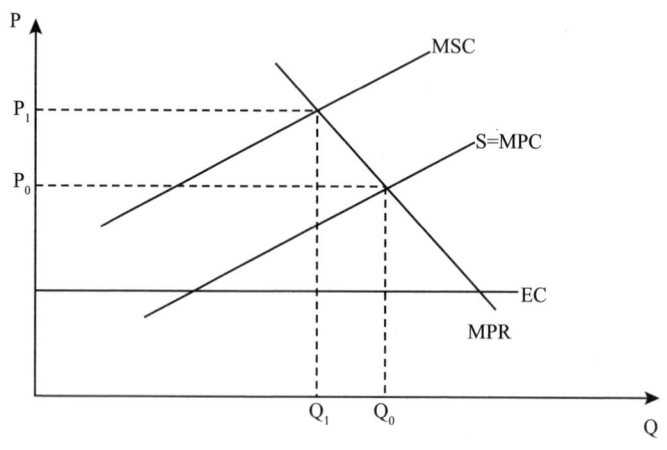

图 2-1 高碳产业负外部性不经济

大而个体经营者获利较小。如图2-2所示，MPR、ER和MSR分别表示边际私人收益、外部收益和边际社会收益，三者关系为MSR = MPR + ER，MC为企业的边际成本。如果低碳产业按照边际私人收益等于边际私人成本的原则决定其产量Q_0，将造成产量过少定价过高的现象，进而导致低碳产业发展受抑制无法发挥其节约能源减少温室气体排放的作用。

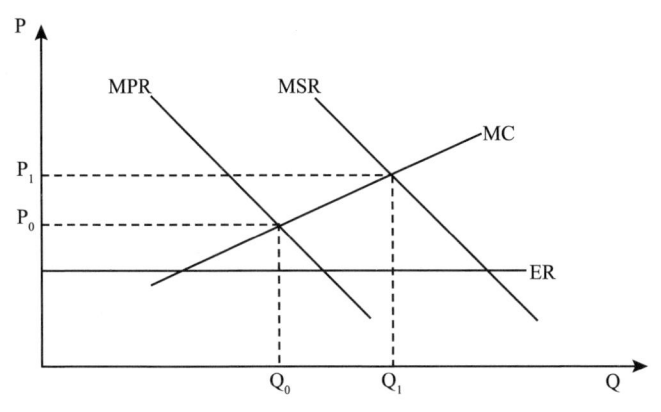

图2-2 低碳产业正外部性不经济

在自由市场经济条件下，低碳产业无法与传统高碳排放产业相竞争，出现"市场失灵"状况。二氧化碳排放具有典型的外部性，其外部效应大，影响尺度是全球，因此二氧化碳减排可能出现全球搭便车现象。现实生活中，发达国家是主要的碳排放者，而遭受气候变暖危害最多的却是碳排放量很少的欠发达国家。由于碳排放外部性的存在，制定相应的对策显得更加复杂。比如美国放弃《京都议定书》，令国际谈判举步维艰。解决问题的思路可以是通过国际范围内征收碳税，再根据不同国家的碳排放量份额，为受影响的国家提供低碳技术和资金支持。

温室气体排放不仅具有国际外部性的特点，还具备代际外部性的特点。温室气体排放对气候变化影响具有历史累积性，上代人的排放产生的后果可能由下代人承担，目前气候变化异常的原因取决于发达国家工业化时期大规模的温室气体排放。由于外部性的存在，现实生活中"吉登斯悖论"（Giddens Paradox）普遍存在。所谓"吉登斯悖论"指的是这样一种现象，尽管大多数人认为气候变化问题是一个后果非常严重的问题，但由于它们在日常生活中后果不可见、不直接，因此，在人们日常生活计划中很少被纳入短期考虑的范围，仅有极少数的人愿意彻底改变自己的生活。气候变化议题沦陷为一种姿态政治，韬略听起来宏伟壮阔，但内容空洞无物[①]。

低碳经济的外部性问题通常可以采用政府管制、税收、补贴、碳基金等手段实现内部化。政府管制就是政府通过制定严格的产品能耗效率标准逐步淘汰现存的高碳产品；碳排放税是政府针对二氧化碳排放所征收的税种；碳税通过对燃煤和石油下游的汽油、航空燃油、天然气等化石燃料产品，按其碳含量的比例征税来实现减少化石燃料消耗和二氧化碳排放，被认为是目前较好的政策工具之一；补贴是通过对低碳行为的激励实现低碳发展，如对新能源技术研发给予补贴等；碳基金是通过设立基金来促进二氧化碳减排和促使企业采用低碳技术。

2.1.2 公共物品理论

公共物品，是相对于私人产品而言的，是指在消费和使用上具有非竞争性和非排他性的产品或劳务。非竞争性指增加一个人的消费，不会引起生产成本的增加，即消费者人数的增加所引起的物品的边际成本等于零。简而言之，非竞争性是说一个人使用不会影响其他人使用的数量和质量。非排他性是指很难禁止他人不付代价就消费该物品，也就是大家可以同时消费该物品。

公共物品的非竞争性和非排他性严重影响了市场效率，导致市场失灵。公共物品的非排他性导致"搭便车"现象，指消费者享受了公共物品的好处却不愿意分担生产公共物品的成本。非竞争性导致市场不再是竞争的。消费者消费的机会成本为零，消费者选择尽可能少地支付换取消费公共物品的权利。

恒定的气温条件是典型的公共物品，而且是全球范围内的纯公共物品，它具备非竞争性和非排他性的典型特征。一个国家或个人无法拥有自己的恒定气温条件而排斥他人使用，一个国家或个人不作为也可以从

---

① 吉登斯. 气候变化的政治 [M]. 北京：科学文献出版社，2009：2-3.

他国或他人的减碳行为中获益。公共物品导致市场失灵,在市场机制下无法通过价格杠杆实现资源的最优配置。如果任由碳排放持续下去,可能会由于气候异常导致生活成本提高,严重的气候异常还会导致人类无法生存下去。因此,减少碳排放保持恒定气温环境是对人类有用的物品。单纯靠市场机制是无法形成有效的减排机制,必须要建立全球合作机制,改变以"自利"为核心的运行机制。

具体到一个区域,推行低碳经济有利于该地区的环境改善和能源供给的保障,如果没有政府作用,单凭市场经济机制发展低碳经济缺乏动力机制。因此,作为一个省份应从全局出发建立相应的产业发展对策及政策支撑体系。

2.2 庇古税与科斯定理

2.2.1 庇古税

1920 年,剑桥学派经济学家庇古(Pigou)发表其代表作《福利经济学》,奠定了福利经济学的理论体系,由于其在福利经济学方面的贡献,庇古被尊称为"福利经济学之父"。在《福利经济学》中,他提出了解决外部性的"庇古方案",这就是大家所熟悉的庇古税。该理论认为,在存在外部性的情况下,国家应对边际社会成本高于私人成本的行为课税,征税的数额应该等于该经济行为体的经济活动给社会其他成员造成的边际外部成本,即边际社会成本与边际私人成本间的差额,通过税收使负外部性内部化,消除市场失灵,实现帕累托最优,达到保护环境的目的[1]。对于边际社会收益大于私人收益的正外部性行为,政府应该给予一定的补贴。征收庇古税成为各国政府控制污染的重要措施之一。庇古税的作用机制如图 2 – 3 所示。

---

[1] 亚瑟·赛斯尔·庇古. 福利经济学 [M]. 上海:上海财经出版社,2011(4):430 – 448.

图 2-3 庇古税原理

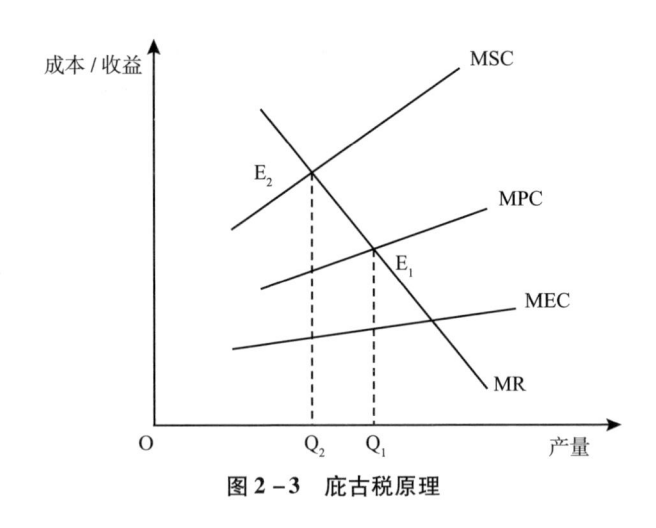

在图 2-3 中，MR 代表边际收益曲线，表示厂商每多生产一单位产品所获得的收益。MSC、MPC 和 MEC 分别表示存在负外部性情况下的边际社会成本、边际私人成本和边际外部成本。其中，边际私人成本曲线代表厂商每多生产一单位产品应该支付的成本，边际外部成本曲线表示每多生产一单位产品对其他经济活动主体造成的成本。而边际社会成本曲线表示每多生产一单位产品对整个社会产生的成本。MSC = MPC + MEC，即 MSC 曲线是在 MPC 曲线的基础上叠加了 MEC 曲线。庇古税就是对产生负外部性的生产者征收税，税额为其生产行为产生的边际外部成本，即 MEC = MSC - MPC。在征税前，根据利润最大化原则 MR = MPC 决定均衡点为 E_1，均衡产量为 Q_1。在存在负的外部性条件下，由于没有考虑给其他人带来的成本，厂商生产了过多的产量，商品的价格也过低，无法实现资源的最优配置。征税情况下，根据 MR = MSC 决定产量为 Q_2，产量减少，外部成本内部化，实现了资源的最优配置。由于传统的依赖能源的高碳发展模式存在负的外部性，庇古税理论为外部成本内部化提供了重要的理论依据。一个区域在节能减排过程中，对于高碳产业发展可以借鉴庇古税的原理制定相应的经济政策。

2.2.2 科斯定理

外部性的消除除了政府管制外，还可以通过受影响的各方私下讨价还价来实现成本内部化,这一理论就是科斯的明晰产权定理。1960年,罗纳德·哈里·科斯(Ronald Harry Coase)在《法律和经济学》杂志上发表了《社会成本问题》一文,提出了科斯定理的基本观点,在交易费用为零时,只要产权初始界定清晰,并允许经济当事人进行谈判交易,就可以消除外部性实现资源的最优配置,政府所要做的是合理配置产权[1]。这一思想被乔治·斯蒂格勒(G. Stigler,2007)归纳为"科斯第一定律"。产权是法律规定的对某一资源的所有及其使用方式。交易成本为零的假设条件是不存在的,因此科斯第二定律认为,在交易成本为正时,产权的初始界定和分配将影响最终资源配置,合法权利初始界定会对经济制度运行的运行效率产生影响。权利的一种安排会比其他安排产生更多的产值,但除非这是法律制度确认的权利调整,否则通过转移和合并达到同样后果的市场费用将相当高,以至于最佳的权利配置和由此带来的更高的产值也许永远也不会实现。科斯第二定律一般被视作环境产权的基础理论(林伯强,2007)。

明晰产权是外部成本内部化的重要途径,是引导市场机制完善资源配置的重要方法。在推行低碳经济过程中,政府可以通过明晰环境产权的政策,推动高碳产业低碳化进程,加快淘汰落后高能耗产能。

2.3 环境库兹涅茨曲线与耦合—脱钩理论

2.3.1 环境库兹涅茨曲线

库兹涅茨曲线假说最早是由诺贝尔奖获得者库兹涅茨于1955年提出,最初是用来表征经济增长与收入分配差距之间的关系,自20世纪90年代始被引入环境经济学领域,用以表征经济增长与环境质量之间的关系,即环境库兹涅茨曲线。环境库兹涅茨曲线假说认为,环境质量随着经济增长或人均收入水平的提高经历一个先逐步恶化再渐进改善的倒U形规律。

---

[1] [美]罗纳德·哈里·科斯. 企业、市场与法律[M]. 盛洪,陈郁译. 上海三联书店,1990:92.

随着低碳经济理念的深入人心，对于碳排放与经济增长之间的EKC 实证研究成为国内外的研究重点，已有的大部分研究成果虽然在EKC 拐点所对应的人均收入数值方面存在很大的差异，但研究结果一般支持碳排放 EKC 的存在性。国内外的研究结果表明，一个国家或地区的经济发展水平与碳排放之间的关系依次存在着三个倒 U 形曲线规律，即碳排放强度倒 U 形曲线、人均碳排放倒 U 形曲线和碳排放总量的倒 U 形曲线规律，换言之，随着经济发展水平的提高碳排放强度最先达到排放高峰，然后碳排放强度开始降低，再之后是人均碳排放量，碳排放总量的倒 U 形曲线的峰点最后出现。根据 3 个倒 U 形曲线高峰依次出现的规律，一个国家或地区经济发展水平与碳排放的关系演变可以分为 4 个阶段（见图 2-4）。碳排放强度达到高峰前阶段为 S_1 阶段，碳排放强度高峰与人均碳排放高峰之间的阶段为 S_2 阶段，人均碳排放高峰与碳排放总量高峰之间的阶段为 S_3 阶段，碳排放总量高峰后稳定下降的阶段为 S_4 阶段。因此，一个国家经济发展与碳排放强度、人均碳排放量以及碳排放总量间将经历一个先上升后下降的过程。

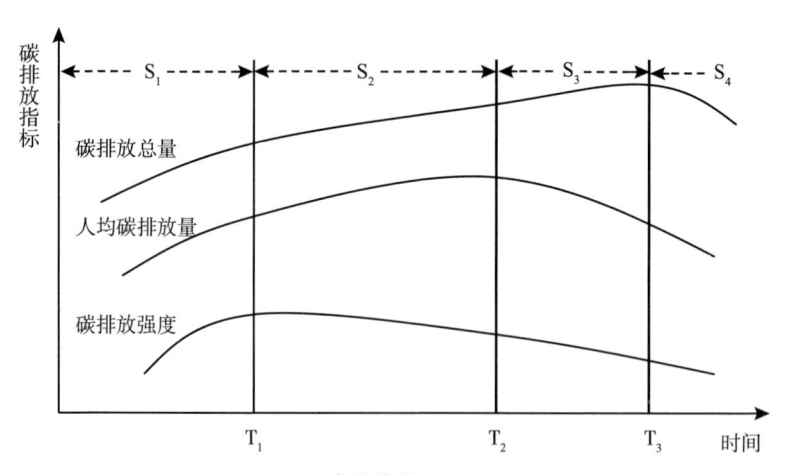

图 2-4 碳排放指标倒 U 形曲线

在不同的阶段，碳排放的指标特征不同（见表 2-1）。在 S_1 阶段，无论是碳排放强度、人均碳排放量还是碳排放总量都处于上升阶段；在 S_2 阶段，碳排放强度开始下降，但碳排放量和碳排放总量仍然处于上升阶段；在 S_3 阶段，碳排放强度和人均碳排放量开始下降，但碳排放总量仍然处于上升阶段；在 S_4 阶段，无论是碳排放强度、人均碳排放量还是碳排放总量都处于下降阶段，即经济发展与碳排放总量实现了脱钩。

表 2-1　　　　　　　　不同阶段碳排放指标的变化

项目	阶段 S_1	阶段 S_2	阶段 S_3	阶段 S_4
碳排放强度	上升	下降	下降	下降
人均碳排放量	上升	上升	下降	下降
碳排放总量	上升	上升	上升	下降

资料来源：中国科学院可持续发展战略研究组. 中国可持续发展战略报告——探索中国特色的低碳道路 [M]. 北京：科学出版社，笔者整理所得。

2.3.2　耦合—脱钩理论

脱钩概念最早用于环境保护领域，随着脱钩理论研究的深入，学者们将基于驱动力—压力—状态—影响—反应框架（DPSIR）的现象皆通称为脱钩现象，广泛应用于环境、能源、生态等领域。耦合（coupling）—脱钩（decoupling）理论在经济学分析中指的是经济增长与物质消耗之间的关系。耦合是指经济增长和物质消耗存在密切的相关性，脱钩是指用较少的物质消耗产生较多的经济增长，经济增长不再依赖于物质投入的增长。

能源消费脱钩就是当经济发展达到一定水平以后，由于科技进步等因素的影响，能源消费量会随着经济量的增长呈现减缓的趋势，甚至出现负增长的现象，我们把这种现象称为能源消费与经济发展的脱钩现象（以下简称"能源消费脱钩"）。能源消费脱钩主要指当一个国家或地区在某一个阶段内的能源消费（总量或强度）的发展比经济发展（GDP）的速度缓慢，而且这种趋势不是由于突发因素（如不可抗力或经济危机等）而引起，而是一个国家或地区各种综合因素形成的一种综合反应。

脱钩有相对脱钩和绝对脱钩之分。如果经济持续增长速度超过环境压力的增长速度或者能源消耗增长速度，则称为相对脱钩；如果经济持续增长，环境压力或者能源消耗处于稳定或下降，则称为相对脱钩（邓华等，2004）。如图 2-5 所示，经济增长驱动力和能源与环境压力 a 高度正相关，属于耦合关系，与环境和能源压力 b 之间属于相对脱钩关系，与能源与环境压力 c 之间属于绝对脱钩关系。

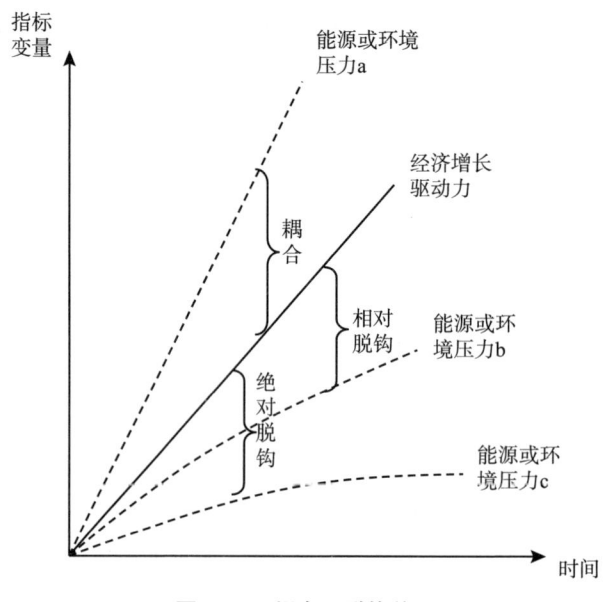

图 2-5 耦合—脱钩关系

资料来源：刘传江．低碳经济发展的制约因素与中国低碳道路的选择[J]．吉林大学社会科学学报，2010（5）．

低碳经济发展过程就是经济增长逐步与化石能源消耗及碳排放由耦合走向脱钩的过程。

2.4 区域非均衡增长及产业结构理论

区域经济学是 20 世纪 50 年代后为适应国际和各国内部地域分工的深化，为缓解当时国家间、地区间经济发展不平衡问题，从经济学和生产布局学中脱胎出来的一门新兴学科，是从古典区位论演化出来的一门新学科。

区域经济学主要是研究和揭示空间与经济相互作用规律的一门学科，它主要是从"宏观角度研究国内不同区域经济发展及其相互关系的决策性科学"（陈栋生，2002）。高洪深（2005）认为，区域经济学是研究区域经济活动的自组织和区际经济联系，以及与此相关的区域决策的科学。可以说区域经济学研究经济发展在空间上的规律，试图从空间角度优化经济发展模式，提高整个经济体系的效率。区域经济学的主要研究内容包括区域结构、区域经济活动自组织、区域空间结构、区际分工及合作、区域经济政策等。

2.4.1 区域非均衡增长理论

区域经济的非均衡增长理论是 20 世纪 50 年代形成的。非均衡增长理论包括无时间变量的非均衡增长理论和有时间变量的非均衡增长理论两部分。属于无时间变量的非均衡增长理论主要由增长极理论、梯度转移理论和二元经济结构理论组成。增长极理论是 20 世纪 50 年代由法国经济学家佩鲁首次提出，以后布代维尔、弗里德曼、缪尔达尔、赫希曼等学者进一步丰富了该理论。增长极理论认为区域经济增长是非均衡的，应确定一个区域内的增长极进行重点发展，再通过增长极的扩散效应带动周边的经济发展。梯度转移理论以产品生命周期为基础，用梯度表示区域间经济发展水平的差异，强调区域经济发展是不平衡的。区域可以分为高梯度区域和低梯度区域，高梯度的区域应用先进技术，开发新产品，形成新产业部门，随着时间推移，逐步向低梯度区域推移，随着推移速度的加快，区域间差异逐步缩小，最终实现区域经济的相对均衡。二元经济结构理论是 1957 年由缪尔达尔（Myrdal）提出，该理论认为，发展中国家普遍存在地理上的二元经济，即经济发达区域和经济不发达区域并存。发达区域和不发达区域间存在扩散效应和回波效应，但在经济发展初期，回波效应大于扩散效应，如果没有政府干预，区域间的经济差距将加大。伴随经济的深化发展，扩散效应将超过回波效应，区域间经济发展水平的差异将逐步缩小。有时间变量的区域非均衡增长理论认为区域经济的发展就是趋异的。1965 年，威廉逊指出，在经济增长过程中，区域间经济发展水平的差异变化随着时间的变化而变化，存在倒 U 形规律，即区域间经济发展水平差异先是随经济发展而差距不断加大，然后会伴随经济进一步深入而差距逐步降低。

2.4.2 区域产业结构理论

产业结构是经济结构中首要的、核心的内容。产业结构是否合理影响着经济发展规模、速度、效益和总水平的高低。低碳背景下，对产业结构的分析，重点有两个：一个是主导产业的选择，主导产业是经济主要增长点，决定了碳排放量。通过它的发展可以拉动其他相关产业的发展；另一个是产业结构优化分析，通过产业结构优化，建立起低碳型的产业结构体系。主导产业是指一定经济发展阶段所依托的重点产业，对整个经济发展和其他产业发展具有强烈的前向拉动或后向推动作用。主导产业的性质和发展水平，决定着整个产业结构的性质和水平，其发展变化必将带来整个产业结构的发展变化。低碳背景下，低碳主导产业的发展将带来相关产业的发展，降低整个社会的碳排放量。主导产业选择基准主要包括主导与协同基准、需求弹性基准、技术进步基准、发展潜力基准等。产业结构优化理论。所谓产业结构优化，是指通过产业调整，推动产业结构合理化和产业结构高级化发展的过程，是实现产业结构与资源供给结构、技术结构、需求结构相适应的状态。产业结构优化是一个相对概念，相对于目前阶段或者以前阶段的结构模式，它是产业结构在科技推动、需求拉动、竞争压力等外力作用下，将产业系统作为一个资源转换器，在现有资源和技术水平下，通过自身不断高度化的改造，最充分地发挥其转换效力，使资源得到最有效的利用，从而达到满足人类需求的最高潜能的过程。产业结构优化的实质是随着科技发展和分工深化，产业结构不断向深加工、高附加值发展，从而更充分有效地利用资源，更好地满足社会发展需求的一种趋势。

产业结构优化最终建立起以第三产业为主体、以高技术和智密型产业为导向的资源节约型产业体系。这些产业包括：发展生态农业，提高光、热、水、土等自然资源的利用率，促进生态系统的良性循环。采取先进的灌溉制度与技术和科学的施肥制度，建立节地、节水、节能、高效低耗的集约化农业生产体系；加快农业产业化进程，实现商品基地生产，成为包括生产、加工、储藏、包装、运输、供应、销售、出口等产前产后部门在内的效应型优势产业系统；加强资源的综合勘探、开发和利用，提高资源的利用率和回收率。以精细化、高附加值、生态化为中心，建立以节能、节材为主的现代化工业和建筑业体系；以信息化、技术化为导向，发展对自然资源和自然环境依赖和影响程度小的第三产业，提高第三产业在区域生产总值中的比重。

2.5　可持续发展理论与循环经济理论

2.5.1　可持续发展理论

工业革命以来，由于掠夺性地开发资源、人口膨胀和污染物的肆意排放，引起生态环境日益恶化、粮食短缺、人口拥挤、资源枯竭等全球性问题，迫使人类对传统的发展观进行反思。人类为解决以上问题，谋求新的发展道路而提出了全新的区域发展理论——区域可持续发展理论。区域可持续发展理论从产生到发展至今，国内外学者从不同角度进行深入研究，使其逐渐走向成熟。

从 20 世纪 70 年代初环境问题引发世人关注到今天，环境问题已经从单纯的经济技术问题、经济问题，发展成为一个社会问题、发展问题。"可持续发展"（sustainable development）的概念最先是在 1972 年在斯德哥尔摩举行的联合国人类环境研讨会上正式讨论。1987 年，挪威首相布伦特兰夫人提交给联合国环境与发展委员会的《我们共同的未来》的报告，报告将可持续发展定义为："既满足当代人的需要，又不对后代人满足其需要的能力构成危害的发展。"它系统阐述了可持续发展的思想。

可持续发展的核心内容，就是在协调好人与自然关系的前提下，提高人的生活质量；缓解人与自然的矛盾冲突；在满足当代人需要的同时，保证不危及后代人满足其需要的能力。可持续发展强调自然、经济和社会的协调统一，即应包括自然持续性、经济持续性和社会持续性。自然持续性指维持良好的自然过程，保护自然环境的生产潜力和功能，维持其自然秩序；经济持续性指保证经济稳定的增长，特别是迅速提高发展中国家的收入，使环境和资源具有明显的经济内涵；社会持续性是指长期满足社会的基本需要，保证同代人之间、不同代人之间在资源和收入上的公平分配。首先是发展的可持续性，即当前的决策不应该对未来的生活或发展造成危害，发展应该是有限制的发展。其次，发展应该协调，即人类的经济社会发展必须在资源和环境的承载能力之内，经济、社会、资源和环境四个系统应该是协调发展的。最后，发展应该是公平的，即当代人之间、国际间和代际间都应该是公平的，资源利用分配和环境保护的权利和义务都应该是公平的。可持续发展理论强调经济、社会、资源、环境四个子系统的协调发展。而发展低碳经济是实现可持续发展的最优选择。

区域可持续发展是可持续发展思想在地域上的落实与体现，是一个动态过程，它要求在不同的区域内，经济发展和人口、资源、生态环境保持协调，其经济增长、社会稳定发展要建立在有效控制人口增长、合理利用自然资源、逐渐改善环境质量并保持良性发展的基础上，同时应当促进不同类型地区的协调与均衡，缩小区际发展水平的差距。

2.5.2 循环经济理论

工业革命以来，人类对自然开发能力达到空前水平，资源与环境问题日益严重，迫使人类重新审视发展模式。循环经济思想是1966年由美国经济学家鲍尔丁在《未来宇宙飞船的地球经济学》文中首先提出的。鲍尔丁认为，地球就像在太空中飞行的宇宙飞船，需要不断消耗自身有限的资源而生存。如果人类保持传统的发展模式，不合理地开发资源破坏环境，地球将像宇宙飞船一样走向毁灭。他批评了传统工业经济"资源—产品—废弃物排放"的单向流动线性发展模式，提倡循环式经济。循环经济思想的提出，是人类对难以持续的传统经济增长方式的反思，反映了人类对人与自然关系认识的深化，意味着人类的经济活动从效法以线性为特征的机械论规律，转向以反馈为特征的生态学规律。

循环经济是在生态学规律指导下，把清洁生产和废弃物的综合利用融为一体的经济，以资源的高效利用和循环利用为核心，以低消耗、低排放和高效益为基本特征。著名的3R原则，即减量化原则（reduce）、再利用原则（reuse）和再循环原则（recycle）是循环经济理论的支柱和灵魂。

减量化原则是循环经济的首要原则。减量化原则也称为减物质化原则，就是通过在生产源头输入端充分考虑节约资源和投入，减少废弃物的产生。减量化原则把对环境污染的末端治理，前移到生产端，在生产过程中通过管理技术改进，采用先进的生产工艺或实施清洁生产，减少进入生产和消费过程中的物质和能量流。再利用原则就是尽可能多次或多种方式使用人们所买的商品。该原则属于过程控制原则，通过延长产品的服务寿命，减少资源的使用量和污染物的排放量。再循环原则是将废弃物资源化，使废弃物转化为再生产原材料，坚持废弃物是放错地方的资源。该原则属于输出端控制原则，通过对废弃物的加工处理，使其作为资源，再次进入市场或者生产过程，减少资源的使用和废弃物的产生。这三条原则的优先顺序是减量化—再利用—再循环。

循环经济实践始于20世纪七八十年代，发达国家陆续步入后工业化阶段，工业化遗留下来的大量废弃物以及消费型社会产生的大量废弃物逐渐成为其可持续发展面临的重要问题。在这一背景下，德国、日本等一些发达国家将发展循环经济、建设循环型社会作为实施可持续发展战略的重要途径，首先从解决废弃物问题入手，对生活和工业废弃物进行再利用和无害化处置，继而向生产领域延伸，实现静脉产业与动脉产业的衔接，推动可持续生产和消费模式建立。循环经济在实践中主要体现为：一是将产业共生和产业生态体系的构建作为循环经济的技术特征，通过生态经济综合规划、设计社会经济活动，使不同企业之间形成共享资源和互换副产品的产业共生组合，使上游生产过程中产生的废弃物成为下游生产过程的原材料，实现废物综合利用，达到产业之间资源的优化配置，使区域的物质和能源在经济循环中得到持续利用。二是把减量化、再利用、再循环的"3R"原则作为循环经济实施的核心。三是把循环经济的推广实施分为由低到高3个层面：以清洁生产为主要内容的企业层面；以产业共生网络和生态园区建设为主要内容的区域层面；以推动绿色消费和废旧物品回收循环利用网络建设为主要内容的社会层面。

20世纪末，德国、日本、丹麦等发达国家的循环经济实践经验被推介到我国，并引起相关政府部门的重视，在企业和园区层面进行了循环经济的探索与实践。2000年以来，我国政府日益重视循环经济，将发展循环经济作为落实科学发展观，建设资源节约型、环境友好型社会的重要途径。目前，我国已成为世界上循环经济推广力度最大，发展最广泛、深入的国家。我国《循环经济促进法》已颁布实施；国家发改委等 6 部委先后在全国推动了两批包括区域、行业、园区、企业等不同层面的循环经济试点，并逐步向全国推广。循环经济的深入发展对我国转变发展方式，加快"两型"社会和生态文明建设发挥了重要作用。

循环经济和低碳经济本质上都是符合可持续发展理念的经济发展模式，在指导思想上完全相同：相同的系统观，即人类和自然界相互依存、相互影响；相同的发展观，即经济发展要在资源环境的承载力范围内；相同的生产观，即节省资源的投入，提高利用效率，进行清洁生产；相同的消费观，即适度消费、物质尽可能多次利用和循环利用；相同的最终目标，即促进人与自然和谐，实现可持续发展。因此，发展绿色经济、循环经济、低碳经济在本质上是一致的。

循环经济指的是生态经济大系统良性循环的经济形态，强调通过自然资源的节约利用、物品的再利用以及废弃物的资源化和无害化，将经济系统对于自然生态系统的压力控制在可承载的范围内，并充分利用自然生态系统的高熵物质和能量的转化能力，将经济系统和谐地融入自然生态系统的物质和能量循环之中。在实践层面，循环经济由于通过贯彻"3R"原则大大推进了资源节约和环境友好，更具有可操作性，也可以将其看作绿色经济的实现途径。

低碳经济的主要目的是应对气候变化、减少温室气体排放，它是绿色经济的一个重要组成部分。低碳发展要求实现产业、生活消费和能源的低碳化，减少经济发展中的温室气体排放。从减少碳消耗、提高能源利用效率、减少碳排放的角度来看，它是发展循环经济的一个具体途径。同时，发展循环经济包括所有自然资源的节约和所有废弃物、污染物的减排，是推动低碳发展的有效途径之一。

总之，循环经济和低碳经济在本质上和指导思想上是完全一致的，只是针对具体问题，侧重点和关注的领域有所区别。低碳经济的范畴小于与循环经济和绿色经济，低碳经济是实践循环经济和绿色经济的一种发展模式。积极倡导绿色经济理念并发展绿色经济，大力发展循环经济，合理发展低碳经济，是解决我国面临复杂局面的有效途径。

第3章 区域低碳经济发展模式研究及国内外启示

20世纪70年代始，人类对传统经济发展方式进行了反思。1972年，罗马俱乐部发表《增长的极限》，第一次对高能耗、高污染的传统工业文明和高碳经济发展模式进行了深刻反思。1992年，可持续发展理念被正式提出，明确提出控制温室气体浓度上升时国际社会共同的责任和义务。这些思想和行动都为低碳经济的提出奠定了基础。

3.1 低碳经济的理论研究

低碳经济最早见诸政府文件是在2003年的英国能源白皮书《我们能源的未来：创建低碳经济》。作为老牌工业化国家和资源并不丰富的岛国，英国最早提出"低碳经济"是有其深刻的历史和现实原因的。主要目的是保障能源战略安全，降低气候变化影响，利用其能源基础设施更新的机遇和低碳技术上的优势，占领未来的低碳技术和产品市场，增强其国际政治影响力。

3.1.1 低碳经济概念内涵

低碳经济从2003年被首次提出至今已有接近20年的时间了，但低碳经济作为具有广泛社会性的前沿概念，仍没有形成严格定义。

1. 低碳经济概念

早在20世纪90年代后期，低碳经济这一术语就已经出现。但直到2003年才引起国际社会的普遍关注。2003年，英国能源白皮书首次在政府公文中提出低碳经济这一概念。但能源白皮书并没有对低碳经济做出明确界定。仅仅指出，低碳经济是通过更少的自然资源消耗和更少的环境污染，获得更多的经济产出；低碳经济是创造更高的生活标准和更好的生活质量的途径和机会，也为发展、应用和输出先进技术创造了机会，同时也能创造新的商机和更多的就业机会。

目前广泛被引用的定义是英国环境学家鲁宾斯德（Rubinstein, 2006）给出的，他认为，低碳经济是一种新型的经济发展模式，其核心是以市场机制为基础，通过制度和政策创新，提高能效技术、节能技术、可再生能源技术及温室气体减排技术的开发应用能力，从而促进整个社会向着低能耗、低排放、高能效的发展模式转型。还有一些学者认为：低碳经济是一种后工业化社会出现的经济形态，核心是低温室气体排放（low greenhouse gas emission economy），或低化石能源的经济（low fossil fuel economy），认为低碳经济是在能够满足能源、环境和气候变化挑战的前提下实现可持续发展的唯一途径。

中国科学院发展研究组提出，低碳经济是指以低能耗、低污染、低排放为基础的经济模式。低碳经济实质是能源高效利用、开发清洁能源，追求绿色的问题。核心是能源技术和减排技术创新。周生贤（2008）指出，低碳经济是以低能耗、低排放、低污染为基础的经济模式，是人类社会的一大进步，实质是提高能源利用效率和创建清洁能源结构，核心是技术创新、制度创新和发展观的转变。他认为发展低碳经济是一场涉及生产方式、生活方式、价值观念和国家权益的全球性革命。庄贵阳（2009）认为，"低碳经济"（low-carbon economy），是指依靠技术创新和政策措施，实施一场能源革命，建立一种较少排放温室气体的经济发展模式，从而减缓气候变化。低碳经济的实质是能源效率和清洁能源结构问题，核心是能源技术创新和制度创新，目标是减缓气候变化和促进人类的可持续发展。付允等（2008）认为低碳经济是一种绿色经济发展模式，它是以低能耗、低污染、低排放和高效能、高效率、高效益（三低三高）为基础，以低碳发展为发展方向，以节能减排为发展方式，以碳中和技术为发展方法的绿色经济发展模式。刘传江（2010）认为从不同层面理解和界定低碳经济：第一种低碳经济情形是温室气体排放的增长速度低于国内生产总值的增长速度；第二种低碳经济情形是人均碳排放量越来越低；第三种低碳经济情形是碳排放量绝对下降；第四种低碳经济情形是实现区域的零碳排放。这四种低碳经济情形是由高碳经济向零碳经济转型的依次路径，低碳经济是其过程的总称。中国环境与发展国际合作委员会2009年发布的《中国发展低碳经济途径研究》，最终将"低碳经济"界定为：一个新的经济、技术和社会体系，与传统经济体系相比在生产和消费中能够节省能源、减少温室气体排放，同时还能保持经济和社会发展的势头。

纵观国内外对低碳经济所界定的概念，发现上述概念都部分地把握到了低碳经济的"低碳排放"和"阶段性"的核心特征，也都指出了低碳经济的目标是为了应对环境、能源和气候变化挑战，低碳经济的实现途径是技术创新、提高能效和改善能源结构等。但是，上述概念也存在着不足之处：首先，对"低碳"排放的含义及其与"经济"的关系未作具体深入的阐释；其次，对低碳经济的内在驱动力及影响机制未作深入研究。

在综合考虑上述因素的基础上，可以界定低碳经济定义。从广义角度讲，所谓低碳经济是以低能耗、低排放、低污染为特征，以较少的温室气体排放获得较大产出的新的社会经济发展模式。低碳经济的目标是减少以二氧化碳为主的温室气体排放，特征是低能耗、低污染、低排放，建设途径是建立低碳生产体系和消费模式，配套支撑体系有低碳技术创新、制度政策等的创新。

从狭义角度讲，低碳经济（low carbon economy）是以消耗低碳燃料和清洁能源为主，追求温室气体尤其是二氧化碳最小化排放的发展，是一种高能效、低资源消耗和低温室气体排放的经济模式。

对低碳经济可以从不同的角度来理解。从科学发展观角度来说，低碳经济是经济发展方式、能源消费方式、人类生活方式的一次新变革，它将全方位地改造建立在化石燃料基础上的现代工业文明，转向生态经济和生态文明。从效率角度来说，低碳经济的实质是提高能源效率和清洁能源结构，最大限度地减少煤炭和石油等高碳能源消耗，建立以低能耗、低污染为基础的经济。在发展模式上，低碳经济从宏观上确立了低碳发展的方向，中观层面结合了节能减排的发展方式，在微观层面上利用碳中和技术。

2. 低碳经济内涵

随着实践的开展，低碳经济的内涵不断扩大。"低碳经济"一词出现后,"低碳城市""低碳技术""低碳工业""低碳农业""低碳旅游"等一系列的名词如雨后春笋般出现。不同的专家学者对低碳经济的内涵有不同的看法。鲍健强等(2008)认为,低碳经济是为了减缓气候变化和促进人类的可持续发展,通过技术创新和政策措施,实施的一场能源革命。迟福林(2009)认为,低碳经济超出了环境保护的范畴,是时代发展的大趋势,代表一种现代生产方式。国家发展改革委员会能源研究所课题组(2009)认为,低碳经济内涵包括建立低碳能源系统、低碳技术体系和低碳产业结构,建立与低碳发展相适应的生产生活方式以及消费模式,实施相应的国际国内政策、法律体系和市场机制。其核心内容是能源技术和减排技术创新、产业结构调整和制度创新以及人类发展理念的根本性改变。冯之浚等(2009)认为,低碳经济是低碳发展、低碳产业、低碳技术、低碳生活等一类经济形态的总称。

总体来说,低碳经济以提高碳生产力为直接目标,减缓气候变化,保障能源战略安全和可持续发展为根本目标,以低能耗、低污染、低排放、高产出为基本特征,以能源体系优化、产业结构调整和技术创新为主要手段,包含低碳能源、低碳产业、低碳城市、低碳技术、低碳政策等一系列内容(见图3-1)。

中国作为发展中国家,在对低碳经济内涵理解上应该注意两个方面。一方面,低碳经济首先强调经济发展,低碳经济是在保证经济可持续发展的前提下,实现低碳排放。低碳经济的实质就是用低的能源消耗、低的排放和低的污染来保证国民经济和社会的可持续发展。发展是硬道理,尤其在经济发展水平仍然较低的发展中国家,发展是前提。低碳经济是在经济发展的同时实现低碳排放,而不是为了低碳目标放弃发展和增长。另一方面,低碳经济中的低碳是个相对概念。不同的国家和区域对低碳的理解不同,因为各国的发展阶段与产业结构的不同,所以低碳有不同的标准。比如发展中国家低碳的标准应该与发达国家有所差异。对低碳的理解,一是从宏观上的经济增长与能源消耗、二氧化碳的关系看,低碳经济是指经济增长与化石能源消耗脱钩的经济。如果化石能源消耗相对于经济增长是非常小的正增长(即弹性系数比较低),就是相对低碳化的经济;如果化石能源消耗相对于经济增长是零增长甚至负增长,就是绝对低碳化的经济。二是从微观上的物质流过程来看，低碳经济包括下列三个方面的经济活动。在经济过程的进口环节，要用太阳能、风能、生物能等可再生能源替代化石能源等高碳性的能源；在经济过程的转化环节，要大幅度提高化石能源的利用效率，包括提高工业能效、建筑能效和交通能效等；在经济过程的出口环节，要通过植树造林、保护湿地等增加地球的绿色面积，吸收经济社会活动所排放的二氧化碳，即所谓碳汇建设。

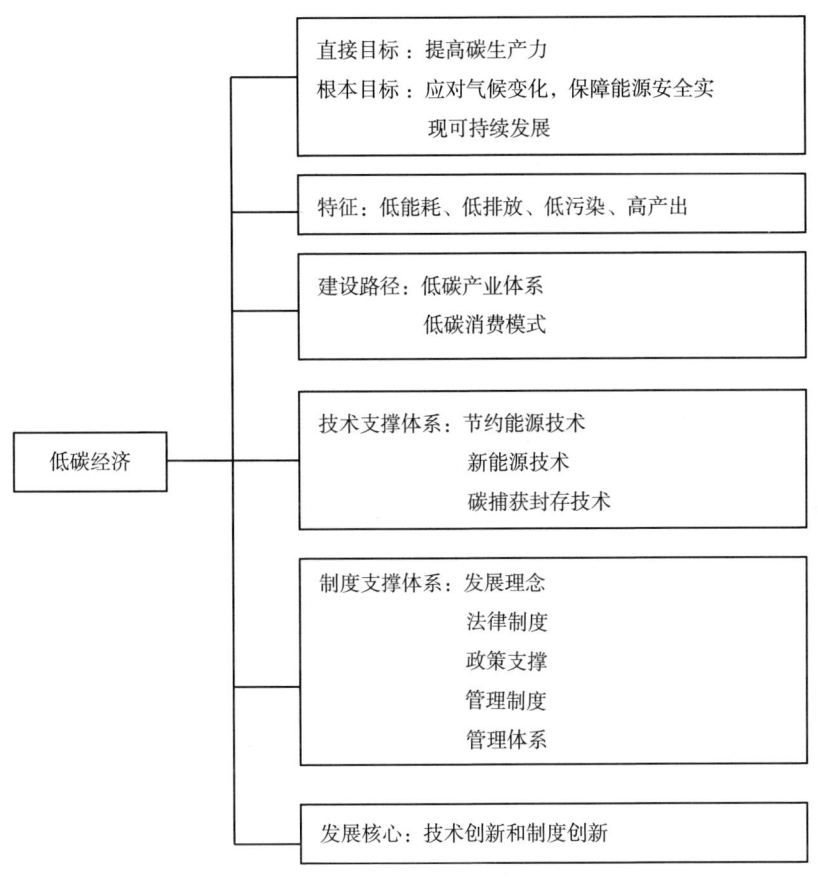

低碳经济
- 直接目标：提高碳生产力
- 根本目标：应对气候变化，保障能源安全实现可持续发展
- 特征：低能耗、低排放、低污染、高产出
- 建设路径：低碳产业体系　低碳消费模式
- 技术支撑体系：节约能源技术　新能源技术　碳捕获封存技术
- 制度支撑体系：发展理念　法律制度　政策支撑　管理制度　管理体系
- 发展核心：技术创新和制度创新

图3-1　低碳经济内涵

3.1.2 低碳经济特征

低碳经济的本质就是提高碳生产力，降低以二氧化碳为主的温室气体排放。所谓碳生产力，一般来说，就是每排放一定量的碳，所能够生产出的 GDP 或产品的实物量。低碳经济实质上就是一个提高碳生产力的过程。在全球都在控制二氧化碳排放的境况下，必须要提高碳生产力，尽可能实现碳生产力价值的最大化。低碳经济具备以下特征。

经济性。低碳经济首先具有经济性，因此，生产者应遵循市场经济规律，充分发挥市场调节的基础性作用，综合考虑成本和收益，在低能耗、低排放的前提下实现高产出的目的。消费者可以在减排温室气体的条件下实现满足消费需求的最大化。从宏观经济角度，低碳经济也是实现经济增长，增加就业的战略选择。推行低碳的最重要目标之一是经济发展，不经济的低碳发展不是低碳经济追求的目标。

阶段性。低碳经济是人类经济和社会发展达到一定水平的经济状态，其发展过程具有阶段性的特点。不同的国家或地区处于不同的发展阶段，面临不同的碳排放现状，发展低碳经济的路径肯定存在差异。处于工业化和城市化进程中的发展中国家发展，发展的主要动力仍旧是高碳能源，碳排放是"生存排放"，低碳经济应着眼于节约能源、提高能效，量力而行地调整能源结构，发展清洁能源。发展中国家为争取发展空间应强调相对量减排，重点是降低单位 GDP 碳排放量。对于已完成工业化和城市化进程的发达国家，已经跨越以高碳能源为动力的发展阶段，其碳排放是"奢侈排放"，低碳经济应着眼于降低排放总量，发展节能及碳捕获、碳封存技术，开发低碳产品，开发第三代核能技术，氢能技术，风能、太阳能等开发利用技术以及电动汽车技术。

综合性和战略性。低碳经济不是一个简单的技术或经济问题，而是一个涉及经济、社会、环境系统的综合性问题。低碳经济所确立的是一种在促进发展的前提下解决气候变化问题的基本思路，与单纯的节能减排思路不同，它强调发展与减排的结合，重点在低碳，目的在发展，通过改善经济发展方式和消费方式来减少能源需求和排放，而不是以降低生活质量和经济增长为代价实现低碳目的。气候变化所带来的影响，对人类发展的影响是长远的。低碳经济要求进行能源消费方式、经济发展方式和人类生活方式进行一次全新变革，是人类调整自身活动、适应地球生态系统的长期的战略性选择，而非一时的权宜之计。

全球性。全球气候系统是一个整体，气候变化的影响具有全球性，涉及人类共同的未来，超越主权国家的范围，任何一个国家都无力单独面对全球气候变化的严峻挑战，低碳发展需要全球合作。多年来，各国围绕着气候问题展开了一系列的谈判，从而形成全球性的制度框架，如《京都议定书》。但是，由于没有"世界政府"，这种全球性的制度规范往往在参与和执行方面受到国家利益的左右而大打折扣。

技术性。低碳经济具有技术性的特征，无论是节能技术、新能源技术还是碳捕获和封存技术的提高，都将带来低碳经济的发展。低碳技术水平的高低是制约低碳经济发展的本质因素。

3.1.3 低碳经济发展的阶段

从宏观角度分析，低碳经济发展分为三个阶段。第一阶段产业发展低碳化，主要是新能源产业和节能产业发展，该阶段的关键因素是先进技术尤其是新能源技术和节能技术的研发。第二阶段是区域层次低碳化，主要是低碳园区产业链建设及区域产业低碳化，该阶段关键是生产低碳化。第三阶段是低碳社会建设，不仅要实现生产低碳化，还要实现生活低碳化，这一阶段需要生态、法规、道德、教育等更多方面的配合。

具体到中国，低碳经济发展也有阶段性。短期，我国把节能减排和煤炭的清洁利用作为重点，持续提高能源的利用效率；中期，显著提高可再生能源的比重，推进氢燃料电池等新能源技术以及碳收集与埋存技术的应用；长期，建立以可再生能源、洁净煤、先进核能等为主体的可持续能源体系。除了节约能源、提高能效外，还必须加快开发清洁的替代能源，尤其是战略性地提高可再生能源的消费比重，向"低碳富氢"的方向发展。

3.1.4 低碳经济发展的主体

发展低碳经济应充分发挥政府、企业和公众三个主体的积极作用,三个主体间通过建立合作伙伴关系,共同推动低碳经济发展目标的实现。

政府。低碳转型的主要力量是政府,政府是发展低碳经济的主导力量。宜人的气候是公共产品,公共产品主要是由各国政府提供的。首先,政府的重要工作之一是加强低碳经济立法,政府可以通过法律对保护生态环境起到强制作用。其次,政府可以制定适合各地情况的低碳经济发展政策。一般建议的政策有:通过改革能源价格形成机制,构建反映市场供求关系、资源稀缺程度和环境损害成本的价格体系;改革资源税制度,将碳税纳入环境税范围,用以部分反映传统化石能源生产和使用所导致的气候变化等外部成本。给予补贴,鼓励新能源的发展。创建可以有效降低减排成本的碳市场。和其他减排措施相比,通过碳市场实现 GHG 减排,成本低,效果好。建立碳市场,尤其是建立全球碳市场,是降低减排成本的重要方式。可通过征税或减税等经济手段对生产者和消费者的破坏或保护资源环境的行为进行抑制或奖励。最后,政府还要积极引导并鼓励公众积极参与低碳经济实践,通过教育提高公众的低碳经济觉悟,使之成为公众的自觉行动。

企业。企业是经济社会发展的基本力量,也是低碳经济发展的基石。在低碳转型的过程中,需要承担更多社会责任的企业冲在前面,中国低碳经济的发展所需要的产业结构调整、能耗降低、低碳技术进步等都依赖于整个中国企业群体全面的跟随和推动。国企、民企和外企都应该承担低碳转型的责任。角度不同,企业参与低碳转型的侧重点应有所不同,在华外企在低碳方面要领先于中国国内企业,促进企业加快低碳产品的研发,以市场需求导向,低成本引领产业经济向低碳经济转型。建立并完善"碳足迹"标识和产品认证制,可以倡导低碳消费模式。

公众。消费者在低碳转型可以发挥重要作用,通过推广低碳标识让公众的消费行为选择产品走向,进而影响企业的生产。消费领域的低碳理念逐步树立,消费方式的碳足迹被人熟知,减少碳足迹成为消费的基本指导原则,低碳生活方式成为社会新时尚。在直接消费过程中注重节能减排，在后消费阶段注重碳补偿。

3.1.5 低碳经济发展的动力

低碳经济发展动力首先是源动力，源于人类生存的本能。二氧化碳为主的温室气体的排放已经带来海平面上升、生态系统变化、气候变化异常等严重后果，严重威胁到人类的生存和发展。为了避免温室气体排放带来的灾难，选择低碳经济发展模式势在必行。人类面临生死存亡的关键时刻会引起国际社会的极大重视。

内在动力。经济发展到后工业化阶段，社会经济系统具有向低污染、低能耗、高产出发展模式进行转型的动力和诉求，无论是生产方式、消费模式还是技术导向以及资源利用都有向环境友好、资源节约方面转变的内在动力。内在动力体现在政府方面就是政府决策向科学发展观的转变，体现的是政府发展观的进步。内在动力表现在企业方面就是企业追逐利润最大化的本能的体现，随着资源稀缺性的加强及环境恶化的压力，资源价格及环境污染代价将加大，为实现利润最大化，企业必须节约资源利用，采用节能减排技术。内在动力体现在公众方面就是随着公众环保意识的增强以及气候变暖带来的切身威胁，公众的社会责任感将增强。公众可以通过改变自身的生活方式和消费方式，尽可能节约能源消耗和减少碳排放。公众还可以通过对消费品的选择，传递信号给企业，促使企业实现由高碳向低碳的转型。

外在压力。外在压力是指社会经济系统外其他因素对系统施加的压力或约束力。外在压力主要包括来自国际方面的压力和来自国内方面的压力。来自国际方面的压力主要是指国际政治外交压力、国际协议等内容。中国的能源消耗总量和温室气体排放总量在国际上都名列前茅，因此在国际政治外交方面压力很大，必须减少能源消耗和碳排放。而且中国是《京都议定书》缔约方，按照国际协议，必须走低碳道路。来自国内方面的压力主要是指政府宏观战略和政策、绿色环保理念、资源约束加大、国家法律法规、社会公众的呼吁等几种力量，这几种力量构成了经济系统从传统经济方式向低碳经济方式转移的推力。低碳背景下，国家将相继出台有关低碳经济发展的战略、扶持政策及相关的法律法规，在变化面前，无论是地方政府还是企业、公众都应该做出适时调整。低碳经济具体动力如图3-2所示。

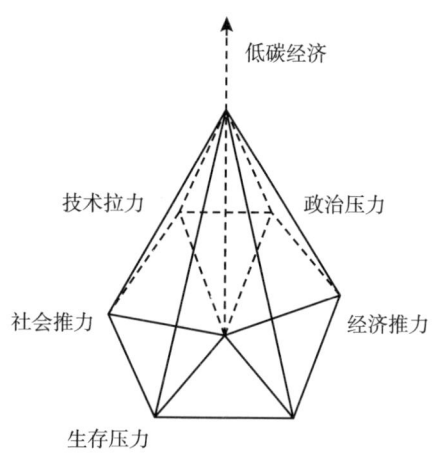

图3-2　低碳经济发展动力

3.2　低碳经济发展模式理论研究

模式（pattern）是指由多个相关因素或多个子系统构成的一种具有内在联系和运行机制的复合系统及其运行方式，是被加工后的可供模仿、借鉴或推广的一种相对固定的框架。一般来说，具有相同条件的案例会按照同样的规律运行。

经济模式是对经济运行经验的概括，是对经济运行机制的理论规定和理论假设，是在一定条件和前提下新的经济运行可以遵循的规范。经济模式指的是经济主体运行中带有总体性、本质性的特征。因此，经济模式一般包含三重含义和特征：第一，经济模式是从基本特征上对不同经济类型进行概括或标识，通常具备高度概括性的特点，高度概括经济运行的基本特征。第二，经济模式是指多因素或多个子系统构成的具有其内在结构和运行机制的一个复合系统，也是一种由各种经济关系构成的网络系统。因此，经济模式具有整体性特征，描述的对象是某个整体，而非局部。第三，经济模式是经理论加工后形成的一种范式，一种可模仿、推广或借鉴的经济发展道路。

3.2.1 低碳经济发展模式的内涵

所谓经济发展模式，从经济学角度讲，是指在一定时期内国民经济发展战略及其生产力要素增长机制、运行原则的特殊类型。经济发展模式一般包括经济发展的目标、方式、发展重心、步骤等一系列要素。一般来说，经济发展模式就是某一地区在特定历史条件下形成的独具特色的经济发展道路，主要包括所有制形式、产业结构、经济发展思路、分配方式等内容。

传统的高碳经济模式，是对工业革命以来的经济发展道路的总结和概括，突出特征是以高碳为基础的工业模式，化石能源在产品的生产、消费、流通过程中，体现的都是高碳的特征（见图3-3）。传统高碳经济发展模式导致了越来越严重的全球气候变化问题。其中大气中温室气体，尤其是二氧化碳浓度不断增加，给人类带来灾难性天气。而大量使用化石燃料这种高碳能源是产生这种生态环境灾难的主要原因。传统经济学产生于人类欲望的无限性和经济资源的稀缺性之间的矛盾，研究的是资源配置和资源的充分利用问题。其中微观经济学的中心理论是价格理论，围绕价格，生产者决定其产量且追求利润最大化，消费者追求福利满足最大化。传统经济学未能体现自然资源储量、环境容量及舒适性在经济发展中的价值。温室气体含量低的大气属于环境公共物品被边缘化，无偿使用。

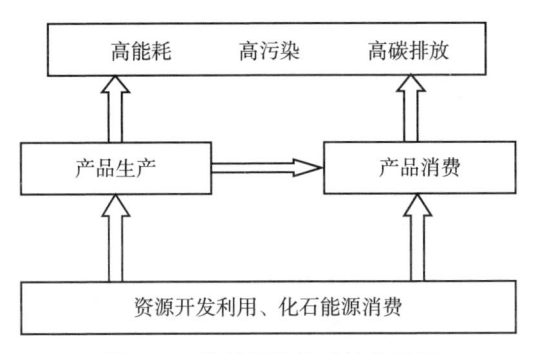

图3-3 传统经济模式简单示意

低碳经济发展模式是相对于高碳经济发展模式而言的，是相对于无约束的碳密集能源生产方式和能源消费方式的高碳经济而言的。它是对实现低碳排放的经济运行规律进行的总结，运用低碳经济理论组织经济活动，将传统经济改造成低碳型的新经济模式，是对不同类型低碳经济发展典范进行的高度理论概括。低碳经济模式通过低碳基能源提供能源消费和产品的生产，进而实现低能耗、低排放和低污染（见图3-4）。低碳经济发展模式的内在要求是实现人类社会系统的各个单元在低能耗、低排放、低污染的条件下和谐共生，告别不可持续的高碳经济发展时代。

低碳经济追求的目标不再是单一的经济利益，而是能源利用最大化，碳排放最小化和经济效益最大化。由于目标多元化，价格杠杆很难成为指导生产者和消费者的指标，单靠市场力量无法实现这些目标，必须依靠社会各种力量共同参与，更应该强调政府和社会力量的作用。为实现低碳经济，应注重生产、使用、废弃全过程中的低碳排放，建立与之相适应的生产方式和消费模式。低碳经济的基本目标是努力推进两个根本转变：一是将社会经济发展由高度依赖能源消费向低能耗、可持续发展方式的根本转变；二是将能源消费结构由高度依赖化石燃料向低碳型、可再生能源的根本转变。

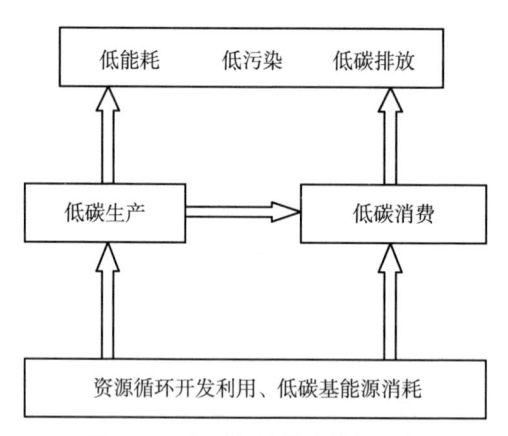

图3-4 低碳经济模式简单示意

3.2.2 区域低碳经济发展模式

区域经济是指某一特定经济区域内部的社会经济活动和诸多经济要素相互关系的总和，是地域性综合经济体系。

所谓区域经济发展模式，就是对一定区域在一定历史条件下的经济发展特征、经济发展过程及其内在机理的高度概括。是经过长时期的实践形成的较为固定的发展模式，是实践经验在理论上的升华。区域经济发展模式是一个历史概念，它随着国家或地区发展的时期、经济制度及政策环境、经济发展战略等因素的变化而不同。发展区域经济的目的和实质，在于按地区合理配置社会资源，特别是合理配置社会劳动，以提高经济增长的质量和效益；同时建立以区域为中心的层次不同规模不等、各具特点的经济区网络，最大限度地形成全国的整体优势，促进国民经济持续、稳定、协调地发展。

传统的发展模式是一种以"高投入、高消耗、高排放"为特征的发展模式，是以高碳为特征的。不同的区域经济发展模式的演化，与不同区域技术变迁及企业产权制度安排、制度变迁方式以及文化习惯（非正式制度）、政府与企业间的关系等因素，是密不可分的。

区域低碳经济发展模式，是对一定区域在一定历史条件下的低碳经济发展特征、发展过程及其内在机理的高度概括。低碳经济发展模式是与一定区域的生产力水平、一定区域的低碳经济发展战略相适应，能反映特定的区域经济增长动力结构和经济增长目标的一个经济范畴，它包括低碳经济发展的方式、发展重心、步骤等一系列要素。区域低碳经济是区域与低碳经济在空间的耦合，是低碳经济与企业（家庭）、区域和区际空间等不同空间层次的耦合。

3.2.3 区域低碳经济发展模式类型

区域经济在我国及各省份的经济发展中做出了极其重要的贡献，同时也形成了各自不同特色的发展模式。发展模式的划分标准可以是一个区域经济总体发展方向、战略目标及路径选择等宏观层面上，划分标准也可以体现在特定产业、特定领域、发展方式方法等中观层面上，也可以从一个行业、一个增长极点发展的政策路线、技术路线、市场路线途径选择等微观层面进行划分。区域低碳经济发展模式根据不同的标准可以划分为不同的类型。

具体到区域低碳经济发展模式，由于实现低碳发展的路径选择多样性，可以通过能源领域的调整，可以通过产业结构调整，可以是节能技术进步。根据研究角度的不同，可以将区域低碳经济发展模式进行分类。

1. 从能源供应和消费角度划分

根据区域能源供应和消费的不同特点，区域低碳经济发展模式可分为调整能源供应结构型模式、减少能源需求型模式和提高能效型模式（杨淑霞等，2010）。

调整能源供应结构型模式。各种能源碳排放系数不同，煤炭的碳排放量最高，其次是石油、天然气，而风能、太阳能、生物能和核能都属于低碳能源。我国大多数地区能源消费结构都是以煤炭、石油、天然气消费为主，尤其是煤炭占能源消耗比重位居世界前列，而风能、太阳能、生物能的使用比例很低。通过调整能源供应结构可以实现一个区域的低碳化发展。调整能源供应结构模式就是积极发展风能、太阳能和生物质能项目，推动低碳能源的规模化、产业化和商业化发展，不断提高低碳能源在一次能源消费结构中的比重。这一模式的突出特点是提高低碳能源的供应比重，降低高碳能源在总能源供应中的比重，优势是效果明显。该模式适用于风能、太阳能、生物质能等低碳能源丰裕的区域。

减少能源需求型模式。能源消费和碳排放存在密切的正相关。减少能源需求量，将会带来碳排放量的相应减少。减少能源消费型模式就是通过减少能源消费，达到低碳经济发展的目的。这一模式的特点是直接从能源终端——消费需求入手，通过能源消耗的减少，实现低碳排放，优点是直接有效。但在保证一定经济增长速度和社会发展水平的前提下，减少能源需求难度很大。该模式使用的区域应该是原有能源消耗较浪费的地区。

提高能效型模式。提高能源利用效率，即以相同的能源消耗，创造出更多的物质财富，或以较少的能源消耗，创造出同样的物质财富。这不仅对保障能源供给、推进技术进步、提高经济效益有着直接影响，而且也是减少碳排放的重要手段之一。该模式在能源利用上做文章，在所有能源利用方面,摒弃粗放利用方式,努力提高能源利用效率。如大力促进传统化石能源的低碳化利用,集约、清洁、高效地利用煤炭,减少原煤直接燃烧,应用洁净煤技术,提高煤炭利用效率等。由于提高能源利用效率涉及面很广,既要有先进实用的技术,也要有推广应用先进技术的市场环境,该模式实施过程不是非常容易,也需有一定的投入。

2. 从产业结构角度划分

根据产业低碳化的方式不同,区域低碳经济发展模式可分为新兴低碳产业集群模式、传统低碳产业维持模式、高碳产业压缩模式。

新兴低碳产业集群模式。该模式是通过构建新兴低碳产业集群,培育以低碳技术产业为主体的产业集群,降低低碳产业生产成本,并加速企业间知识外溢效应和技术创新步伐。新兴产业或产业集群是某种新的经济发展模式的产业基础,没有新兴产业或产业集群,这种新的经济发展模式必然成为一纸空文。从技术变革与生产力进步的角度来看,低碳经济发展模式及其所蕴含的新兴产业革命本质上要解决的核心问题是如何使这种发展模式下的产业生产力与生态生产力相互融合而不是相互抵消。该模式特点是力度比较大,新建产业起步较高,对资源要求也高,成本投入较大。但此模式是一种比较稳妥的模式。

传统低碳产业维持模式。原有产业多是一般传统产业,如农业、手工业、旅游业等,碳排放量不是很高,对这些产业采取维持的方式。同时,可以通过发展低碳农业,以及倡导生态旅游来发展低碳旅游业,维持这些产业的低碳现状。该模式适用于发展低碳经济的原有基础比较好、碳排放数量不是很大的区域。其特点是能很快看到低碳经济的效果,无须太高的成本投入,实施起来也比较容易。

高碳产业压缩模式。原有产业多是传统高碳产业,如钢铁、冶金、化工、建材等,碳排放量很高,对这些企业进行压缩直至最后淘汰。这些行业也是区域 GDP 增长的关键点,一刀切淘汰很难做到,可以根据情况采取逐步压缩的方式。但对此类产业在压缩的过程中要进行低碳创新,需要在技术、流程、制度等方面进行相应的创新努力,使其碳排放降下来。该模式适合原有低碳经济发展基础不是很好、高碳企业较多的区域。

3. 从低碳化重点角度划分

从发展低碳化重点不同,可分为低碳城市模式、低碳产业模式、碳汇模式。

低碳城市模式。该模式是指在城市空间地域范围内，通过推进低碳技术创新和制度创新，建立低碳生活理念和生活方式，最大限度地提高资源、能源利用效率和减少温室气体的排放，逐步形成资源集约、环境友好、社会和谐的社会经济运行模式和健康、节约、低碳的生活方式和消费模式，最终实现城市的高效发展、低碳发展和可持续发展。该模式的特点首先表现在低碳化的城市能源供给方式，从源头上改变城市能源供给，加速从高碳能源向低碳能源的转变，彻底实现城市的低碳和零碳发展；其次表现在低碳化的城市经济发展方式，在城市经济发展过程中实行低碳生产，调整城市产业结构，控制高碳产业的发展速度；最后表现在低碳化的城市生活消费方式，改变城市居民以往的高消费、高浪费的生活方式，建立低碳生活理念和生活消费方式。该模式是从城市的视角出发发展低碳经济，适用于城市占主体的区域。

低碳产业模式。该模式在产业发展中，坚持二、三产业协调发展的同时，大力提高服务业在经济中的比重，着力发展旅游等低能耗产业。在第二产业内部，大力发展高新技术产业，促进传统劳动密集型产业和加工贸易企业转型升级，以高新技术尤其是低碳技术为依托，构建低碳的产业体系。该模式在实施过程中，以新材料、新能源、新技术为重点进行投入，发展规模适中的旅游服务业等，促进产业结构调整和优化升级。以开发新品、加速产品的升级换代为主线，积极引进先进设备和先进技术，提高产品技术集成，提高资源利用率，减少二氧化碳等污染物的排放。该模式重点以二、三产业为主构建低碳化产业体系，适用于二、三产业比重较大的区域。

碳汇模式。发展低碳经济不仅要从碳源上进行有效遏制，减少排放，还要在碳汇上花力气。坚持不懈地推进生态建设，积极发展生态农业，大力开展植树造林活动，通过土地利用和林业措施将大气温室气体储存于生物碳库，也是一种积极有效的途径。该模式通过植树造林、草原修复、湿地保护、农田保护等措施扩大自然碳库，利用植物和土壤吸纳大气中的碳，清除大气中的温室气体。实施该模式的过程中，受自然条件的影响，改进森林管理、提高单位面积生物产量、扩大造林面积等措施的成本可能会很高。适用于农林条件较好的区域。

4. 从主导主体差异划分

根据主导者的不同，区域低碳经济的发展模式可分为自上而下模式

(top-down)、自下而上模式（down-top）。

自上而下模式（top-down），即从总体到细节模式，先确定整体思路，设计总体布局，而后考虑执行细节。该模式主要由政府主导建立推动低碳经济发展的法律、法规、政策等，鼓励低碳经济的发展。这种模式有利于建立低碳经济发展的体制、机制、市场等，为低碳经济的发展创造有利的政治、法律和市场环境。政府主导作用在创造低碳经济发展环境的同时亦能引导社会树立低碳的发展意识，激励企业投资低碳产业，鼓励民众形成低碳的生活方式。该模式的特点是效率高，权威性强。但是有时可能与区域发展的实际有冲突，适合于在低碳经济发展的初期发展阶段采用。

自下而上模式（down-top），即从细节到总体的模式。自下而上模式是指由民间机构牵头，企业、社会团体、政府共同参与发展低碳经济。该模式可以有效地考虑到市场的主导作用和民间对环境保护以及低碳经济、低碳社会的重视，积极促进低碳经济发展。由于民间机构组织能力和动员能力比政府要差，所以该模式执行效率较之自上而下的模式要低。该模式适用于非政府主体对发展低碳经济有深入的认识，抱有积极的态度，认识到低碳经济对人类、国家的长远利益，并且更重要的是非政府主体能在社会运转中发挥重要作用。在此背景下，自下而上的模式才能发挥作用。基于效率考虑，绝大多数的国家不能依靠这种模式发展低碳经济。

5. 从发展速度角度划分

根据发展速度的差异，低碳经济发展模式可分为跨越式发展模式和渐进式发展模式。

跨越式发展模式。该模式是以发展低碳产业、快速淘汰高耗能产业为主要途径，采用一切可能降低碳排放的手段，大手笔地加速由传统经济向低碳经济转变的一种模式。该模式特点是低碳经济发展的速度比较快，能在短时间改变经济发展方式。但成本高、风险大，在实际实施中应慎重行事。

渐进式发展模式。该模式就依照低碳经济发展的一般途径，走上一条缓慢的、按部就班、循序渐进的发展之路。这是一种比较保守的模式，风险比较小，发展速度比较慢，但有问题易于纠正。

另外，根据开放程度的不同，区域低碳经济的发展模式可以分为封闭式模式和开放式模式。根据发展低碳经济方式的不同，区域低碳经济的发展模式可分为单一模式与混合模式。

3.3 发达国家区域低碳经济模式及启示

2003年英国提出低碳经济以来，引起了国际社会的普遍关注。随着气候异常天气的增多和海平面上升的威胁，越来越多的国家和政府开始着手实施从高碳经济发展模式向低碳经济发展模式转型。尤其是美国金融危机的爆发给世界各国的经济带来极大的冲击。随着全球经济逐步恢复，欧、美、日等发达地区和国家纷纷出台相关优惠政策措施，进行"新工业革命"，以期抢占低碳经济制高点，他们把低碳经济作为重要的战略选择。与此同时，以中国为首的发展中国家也积极设立减排目标，力争在国际新规则制定时能有一定的发言权，不至于在新一轮经济竞赛中处于下游。因此，低碳经济必将成为世界新一轮经济增长点。从总体发展水平和政策制定及推动力度上看，以英国代表的欧洲国家发展最早，低碳技术水平最高，日本次之，美国最后。

3.3.1 英国低碳经济模式及启示

英国是世界上控制气候变化最积极的倡导者和实践者，更是先行者。英国是最早在政府文件中提出低碳经济理念的国家，把发展低碳经济看作重振"日不落帝国"雄风和恢复国际地位的重要工具。因此，英国相当重视低碳经济发展。

1. 英国"政府激励+碳市场机制"模式

2003年，英国在《能源白皮书》中正式提出了低碳经济概念，提出了将于2050年建立低碳社会的目标。2005年，英国建立了3500万英镑小型示范基金。2008年，英国颁布了《气候变化法案》，在这一法案中，英国政府承诺，2020年实现削减26%~32%的温室气体排放；到2050年，将实现温室气体的排量降低60%的长期目标。2009年4月，布朗政府宣布将"碳预算"纳入政府预算框架，英国也因此成为世界上第一个公布"碳预算"的国家。2009年6月17日，英国公布《清洁煤炭发展框架》计划草案。草案要求英国境内新设煤电厂必须首先提供具有碳捕捉和储存能力的证明,每个项目要有在10~15年内储存2000万吨二氧化碳的能力。此外,新煤电厂还被要求及时更新相关设备,以将碳捕捉和储存能力保持在最高水平;如果没有达到相关要求,将采取限制煤电厂的二氧化碳排放量或运行时间等措施,以确保达到减排目的。2009年7月15日,英国政府公布了《英国低碳转换计划》的国家战略蓝图,提出2020年将碳排放量在1990年基础上减少34%,其内容涉及能源、工业、交通和住房等多个方面。具体内容包括以下三个方面:一是大力发展新能源。2020年可再生能源在能源供应中要占15%的份额,其中40%的电力来自低碳领域(30%源自风能、波浪能和潮汐能等可再生能源,10%来自核能)。二是推广新的节能生活方式。在住房方面,英国政府拨款32亿英镑用于住房的节能改造,对那些主动在房屋中安装清洁能源设备的家庭进行补偿,预计将有700万户家庭因此受益。在交通方面,新生产汽车的二氧化碳排放标准在2007年基础上平均降低40%。三是向全球推广低碳经济的新模式。目前,英国低碳经济及相关产业每年能创造超过1000亿英镑的产值,为88万人创造就业机会。与此同时,英国能源、商业和交通等部门还分别公布了一系列配套方案,包括《英国可再生能源战略》《英国低碳工业战略》和《低碳交通战略》等。

英国的一些区域开展低碳经济发展的实践。2007年,时任伦敦市长利文斯顿发表的减碳计划书《今天行动,守候将来》,在计划书中,利文斯顿将伦敦二氧化碳的减排目标锁定在2025年降至1990年水平的60%。根据上述的英国低碳经济发展历程可以总结概括出英国的低碳经济发展模式。

英国低碳经济发展模式是"政府激励+碳市场机制"型。政府先制定减排目标,为实现减排目标,主要采取激励为主的政策和建立完善碳交易市场机制。

政府激励政策主要包括气候变化税制度、设立碳基金和气候变化协议制度。气候变化税(CCL)制度,又被称为能源税制度,是英国气候变化总体战略的核心部分。这一制度于2001年4月1日开始实施,规定对不同的能源品种征收不同的税率。为激励碳减排的行为,政府又将这部分收入通过鼓励企业投资节能环保技术或设备以及成立碳基金等方式返还给企业。碳基金是 2001 年成立的，一个由英国政府投资、按企业模式运作的独立公司。碳基金的资金来源主要是气候变化税、垃圾填埋税和来自贸易与工业部的少量资金。碳基金主要投资领域是能较快产生减排效果的项目、低碳技术开发以及帮助企业和公共部门提高应对气候变化的能力。气候变化协议（CCA）是为减轻能源密集型产业的重大负担而退出的。这一制度规定，如果企业和政府签订气候变化协议，并能达到规定的能源效率和温室气体减排目标，政府可以减少征收其应支付气候变化税的 80%。如果这些企业不能实现协议目标，也允许参与碳排放交易机制。

规范和完善碳排放交易贸易机制。排放权交易制度是通过市场手段解决环境问题的重要选择。世界上最早的排放权交易是 1982 年在美国建立的二氧化硫排放权交易制度。英国是碳排放交易制度建立最早的国家。2002 年英国建立碳交易制度。为保证减排的真实性，所有承诺减排目标的企业必须按照相关条例严格检测和报告每年的排放状况，并且必须经过有职业资格的第三方独立认证机构的核实。

2. 英国区域低碳经济模式启示

英国低碳经济发展模式的启示主要是两点：充分发挥政府主导型和强化排放权交易市场机制。

充分发挥政府主导型作用。低碳经济追求低碳目标的理念和企业追逐利润最大化的基本原则是矛盾的，企业没有自主发展低碳经济的内在主动性。因此，在低碳经济起步阶段，政府必须充分发挥主导型作用，不仅要积极建立健全相关的法律制度，还要实施科学合理的政策。英国政府实施的政策是以激励企业为核心的，在尽可能降低企业负担的前提下，通过经济手段扶持和激励企业采取节能技术或者碳捕捉技术提高能效减少碳排放量。企业在没有增加过重负担的情况下，有动力积极发展低碳经济。

完善排放权交易市场机制。排放权交易是市场经济条件下解决污染问题的重要政策工具。建立和完善碳排放权交易可以通过市场机制实现低成本的碳减排，达到资源的最优配置，实现社会资源的最高效率。我国在发展低碳经济时也应该尽快建立碳排放交易市场机制，实现最低成本的碳减排。

3.3.2 丹麦经济发展模式及启示

丹麦是低碳经济最好的践行者,其发展已达世界领先水平,其发展模式被称为 Danish example,突出特点是实现了绿色经济增长。在经济理论中,经济增长和环境保护很难兼顾,但丹麦在近 30 年中,经济增长达 45%,能源消耗只增长 13%,二氧化碳排放量增长 13%。丹麦的发展证明,减排与经济繁荣并不矛盾,其发展模式也为他们低碳经济提供实证依据(董小君,2010)。

20 世纪 70 年代之前,丹麦的能源结构以石油为主,且 93% 的石油需要依靠进口,在两次石油危机中能源供应遭受严重冲击。从此,丹麦政府一直将能源安全置于战略地位高度,采取一切措施保证能源供应。1976 年能源署成立,统筹制定能源发展战略。1988 年政府制定能源行动计划,制定了农业、运输、能源等多部门参与的行动计划。1990 年以来,政府又提出"能源 2000"和"能源 21"的国家计划,重点是提高能源供应效率,调整能源结构以及鼓励最终消费者节约能源。

经过若干努力,丹麦实现了有效碳减排。1990 年丹麦二氧化碳排放量约 6100 万吨当量,到 2004 年时,已减为 5100 万吨当量,比 1990 年水平减少了 16.4%。政府认为,在目前技术水平下,持续努力可确保实现减排 21% 的承诺目标[①]。

1. 丹麦"绿色能源"模式

丹麦绿色能源模式主要体现在持续优化能源结构和大力发展绿色新能源技术方面。

大力发展可再生能源,持续优化能源结构。丹麦自 20 世纪 70 年代开始大力调整能源结构。在 80 年代曾经提出核电替代石油战略,但在民众和环保主义者抗议下,转向风能为主的替代能源战略。近年来,丹麦能源结构发生了显著变化,化石能源比重明显减少,可再生能源比重增加。1980~2005 年,丹麦能源结构不断优化,可再生能源比重超过 15%,风电发电量约占全部电力消耗的 20%。丹麦能源署的数据显示,2010 年丹麦风力发电机总装机容量已达 3800 兆瓦,占全国总发电量的

---

① 国家发展和改革委员会能源研究所课题组. 中国 2050 年低碳发展之路 [M]. 北京:科学出版社,2009:36 - 37.

25%。其中，海上风电场装机容量从 2008 年的 423 兆瓦上升到 2010 年的 868 兆瓦。到 2025 年，可再生能源在发电总量中的比重将达到 36%，其中风力发电占大部分；到 2030 年能源构成将是风能 50%，太阳能 15%，生物能和其他可再生能源 35%。

积极发展绿色能源技术。丹麦的成功，还在于丹麦有独立的新能源技术。在提高能效和节能的政策目标下，丹麦建立了适合本国国情的绿色能源技术体系，包括清洁高效燃烧技术、热电联产技术、风电技术等，尚在开发的绿色能源技术还包括第二代生物乙醇技术、燃料电池技术、新型太阳能技术及海浪发电技术等。过去 10 年中，丹麦绿色技术出口比其他产品出口增长更快。目前，丹麦已是欧盟地区绿色技术出口最大的国家。2008 年，丹麦向全球输出包括设备和服务在内的风电技术达 57 亿欧元，占出口总额的 7.2%。

2. 丹麦低碳经济模式及启示

丹麦模式显示支撑其发展的主要支柱有三个，绿色能源、经济激励及环保意识。

丹麦一直持续用环境友好型的天然气及可再生能源替代传统的高污染高碳排放的石油，从能源结构方面实现了碳排放减少的可能。政府抓紧研究和出台有利于低碳经济发展的经济激励政策。低碳经济在丹麦所取得的成效离不开政府的财税金融的激励措施。强有力的经济措施，使得低碳经济在较短的时间内得到了迅速发展并取得了明显的社会经济成效。中国发展低碳经济，同样需要政府部门、相关企业和金融机构的共同努力。2007 年以来，国家环保总局与金融业联手推出绿色信贷、绿色保险、绿色证券三项绿色环保政策，使绿色金融制度框架初见雏形。尽管如此，我国的财政金融体系尚没有充分发挥推动低碳经济发展的应有作用。当前，国内经济发展方式正在谋求深层次转变，中国财政金融政策必须适时调整创新，积极应对国际、国内经济和金融环境的发展变化，为低碳经济的发展提供保障和支持。

加快技术发展。技术决定低碳发展的底气和内涵，应大力发展相关技术，为低碳经济发展提供强有力的支撑。

3.3.3 德国低碳经济模式及启示

历史上，德国在能源开发和环保技术领域一直处于世界前列。低碳经济理念提出以后，德国政府将气候保护和减少温室气体排放等议题列入国家战略，制定了气候保护和碳减排的具体目标。

1. 德国"能源开发+气候保护高端技术"模式

德国发展低碳经济的模式主要是以提高能源利用、加快新能源开发和开发环保技术为核心的"能源开发+气候保护高端技术"①。

提高能源使用效率，节约资源。德国政府为实现提高能源效率和节能，先后采取了征收生态税，鼓励企业实行现代化能源管理，推广热电联产技术以及实行建筑节能改造等措施。生态税是德国改善生态环境和实施可持续发展计划的重要政策之一。生态税自1999年4月起分阶段实行，对油、气、电征收生态税，税收收入用于降低社会保险费。为开发工业领域蕴藏的巨大节能潜力，鼓励企业实行现代化能源管理，德国政府计划在2013年之前与工业界签订协议，规定企业享受的税收优惠与企业是否实行现代化能源管理联系起来。为帮助中小企业节能，德国联邦经济部与复兴信贷银行建立节能专项基金，用于促进中小企业提高能源效率。2002年德国《热电联产法》生效，规定了以热电联产技术生产出来的电能获得的补贴额度。热电联产就是将发电中产生的热能收集用于供暖。热电联产技术可用于火电厂的节能改造，还可指导微型发电机，解决供电和供暖问题。此外，德国政府计划每年拨款7亿欧元用于现有民用建筑的节能改造，还有2亿欧元用于地方设施改造。改造内容主要包括建筑供暖、制冷系统、城市社区的可再生能源生产和使用等。对于新建房屋，德国政府规定了建筑供暖和防止热量流失等多项节能技术要求。这种法律规定有利于居民选择节能电器，目前，在德国销售的大部分家用电器及照明设备已被分为A–G 7个耗能等级，A级和B级的电器销售量显著增加。

大力发展可再生能源。德国政府通过《可再生能源法》对可再生能源发电进行补贴。目前，德国可再生能源的发电比重达13%，可再生能源占一次能源使用的4.7%。在可再生能源利用方面，德国政府重点促进风力设备更新换代，发展海上风力园。另外，德国1991年出台了《可再生能源发电并网法》，规定了可再生能源发电的并网办法和足以为发电企业带来利润的收购价格。德国还制定了沼气优先原则，计划

---

① 德国应对气候变化、发展低碳经济的政策措施［EB/OL］.国际能源网，2008–10–12，http：//www.in-en.com/finane/html/energy_202602642245360.html.

到2030年把沼气使用占天然气使用的比重提高到10%。

实施气候保护高技术战略。德国在环保技术方面一直保持优势，为保持这一优势，先后出台了5期能源研究计划，为高技术战略提供资金支持。2006年8月，德国推出了第一个涵盖所有政策范围的《德国高技术战略》，以期持续加强创新力量，在未来的全球技术市场上位居前列。"高技术战略"启动以来，德国科学界和经济界共筹集了30多亿欧元的私人资本用于企业技术研发。2007年，德国在"高技术战略"框架下制定了气候保护高技术战略，该战略确定了未来发展的4个重点研究领域，即气候保护与气候预测研究、气候变化后果研究、适应气候变化的方法与气候保护的政策措施研究等，联邦教研部将在未来10年内投入10亿欧元用于研发气候保护技术。

2. 德国区域低碳经济模式启示

德国低碳经济发展模式的启示有二，其一是重视气候保护高端技术的研究，其二是大力扶持可以变后发劣势为优势。

气候保护技术是保证低碳发展的技术保证，更是应对气候变化的要求。如果能在气候保护技术方面占据先机，将在未来的经济竞争中占据领先优势。

大力扶持可再生能源生产。与欧盟其他国家相比，德国在可再生能源生产领域面临起步晚、规模小、成本高和没有独立传输网络等难题。德国政府对可再生能源开发给予补贴，降低了可再生能源生产成本高的劣势，而且解决可再生能源并网难的问题。

德国对传统工业区的改造也值得借鉴。鲁尔区曾经是德国最大的工业区，煤炭和钢铁是其支柱产业。高能耗、高污染的支柱产业发展导致空气严重污染。德国政府积极进行传统产业改造，鲁尔区由炼钢中心逐步变成一个传统产业与信息技术、生物技术等新兴产业相结合、多种行业协调发展的新经济区。

3.3.4 美国低碳经济模式及启示

美国是世界上的能源消耗大国，同时也是世界上人均碳排放量最大的国家。虽然美国在国际气候谈判方面态度消极，但仍然在温室气体减排技术方面投入大量经费。尤其是奥巴马政府上台后，开发新能源和发展绿色经济被视为国际金融危机后重振经济的重要举措。

1. 美国"技术创新＋新能源战略＋自下而上"模式

强调技术创新。2006年9月，美国政府公布气候变化技术战略规划，规划中提出通过碳捕捉、碳封存等方式控制温室气体排放量。规划中包括的技术有氢能源、生物提炼、清洁煤、碳封存及核分裂等。2007年7月，美国参议院提出《低碳经济法案》，明确了促进零碳和低碳能源技术的开发和应用的方向。2008年1月，美国国情咨文中再次强调技术创新在清洁能源开发方面的重要作用，提出将推动新一代清洁能源技术的研发和创新，提供资金开发燃煤发电的碳捕获和碳封存技术，鼓励可再生能源、核能和先进电池技术的应用。

新能源战略是美国发展低碳经济的核心。奥巴马政府上台后，一直致力于推行能源新政。2009年1月，美国宣布了"美国复兴和再投资计划"，将发展新能源作为投资重点，计划投入1500亿美元，用3年时间使美国新能源产量增加1倍，到2012年将新能源发电占总能源发电的比例提高到10%，2025年，将这一比例增至25%。2009年2月，美国正式出台了《美国复苏与再投资法案》，投资总额达7870亿美元，主要用于新能源的开发和利用，包括发展高效电池、智能电网、碳储存和碳捕获、可再生能源（风能和太阳能等）；汽车方面，加大对混合动力汽车、电动汽车等新能源技术的投资力度；建筑方面，大规模改造联邦政府办公楼，实行节能改造。

美国低碳经济发展模式中突出的一点是地方政府积极性更高，属于比较典型的自下而上发展特点。如加利福尼亚、亚利桑那和新墨西哥等州，均先于联邦政府制定了州级减排目标和低碳发展计划。目前，一共有40个州建立了削减温室气体排放的法规，20个州出台了鼓励可再生能源使用的激励措施。东北部各州还建立了温室气体排放指标交易体系。2006年加利福尼亚州成为美国首个对碳排放采取限制性措施的州；2007年新泽西州成为美国首个通过立法强制大幅度削减温室气体排放量的州。

2. 美国区域低碳经济模式启示

美国低碳经济发展模式值得我们借鉴突出表现在两方面。一方面是重视新能源开发和技术创新，另一方面积极调动地方的主观能动性。

新能源战略是美国新政的主要内容。发展低碳经济，降低碳排放量，最快捷的路径就是开发新能源，调整能源消费结构和节能。新能源发展需要资金和技术的扶持，因此，政府应该加大扶持力度。

积极调动地方的主观能动性。低碳经济发展最终要落实到具体的区域，只有区域重视低碳经济发展，积极主动地限定碳减排目标，并通过新能源开发、节能改造、产业结构调整等具体手段来实现。

3.3.5 日本低碳经济发展模式及启示

日本将低碳社会作为发展方向。日本将低碳社会作为发展方向，目的是想抢占未来产业和经济发展的制高点。

1. 日本"技术进步+行为改变+制度保障"模式

日本实施低碳经济发展的主要部门是内阁、经济产业省和环境省。其中，内阁是核心，负责征集各方建议和意见并加以整合；经济产业省主要负责制定技术创新发展规划；环境省主要负责制定生活行为规划。2007年12月，环境省颁布"面向低碳社会规划"，提倡物尽其用的节俭精神，通过更简单的生活方式达到高质量的生活，从高消费社会向高质量社会转变。2008年经济产业省颁布"清凉地球能源技术创新计划"和"环境能源技术革新计划"。在两部门工作基础上，2008年7月，日本内阁发布"低碳社会行动计划"，将低碳社会作为未来的发展方向和政府的长远目标，提出了具体的低碳社会行动计划；"低碳社会行动计划"提出，在未来3~5年内将家用太阳能发电系统的成本减少一半，到2030年，风力、太阳能、水力、生物质能和地热等的发电量将占日本总用电量的20%。低碳行动计划提出，2050年日本将在现在基础上减少60%~80%的温室气体。至此，日本的低碳发展模式基本确立。

日本的低碳发展模式包括三方面主要内容，即技术进步、行为改变和制度保障（见图3-5）。技术进步包括技术创新和技术普及两个层面，技术创新是推动低碳发展的主要动力，主要指碳捕获和碳封存技术以及煤炭能源高效利用技术；技术普及是指现存实用高科技的推广普及，包括太阳能发电技术升级、新能源汽车技术以及节能技术等。行为改变包括生产行为改变和消费行为改变两方面内容。生产行为改变是指生产厂商利用低碳技术和工艺生产满足消费者低碳消费需求的产品；消费行为改变是指通过消费者由高碳消费品转向低碳消费品，从终端对低碳经济形成推动力。日本通过建立产品的碳标识和碳补偿政策引导消费者改变消费需求。制度保障包括治理制度和政策制度两方面。治理制度主要是调整行为主体，即政府、企业及民众之间的关系。政府是低碳经济的推动者，为低碳发展提供低碳制度、低碳住宅建筑物、低碳交通设施等；企业是低碳产品的开发和技术创新的主体；民众负责改变消费观念建立低碳理念。政策制度主要包括低碳产业政策、环境金融政策、碳交易政策、能源政策等。

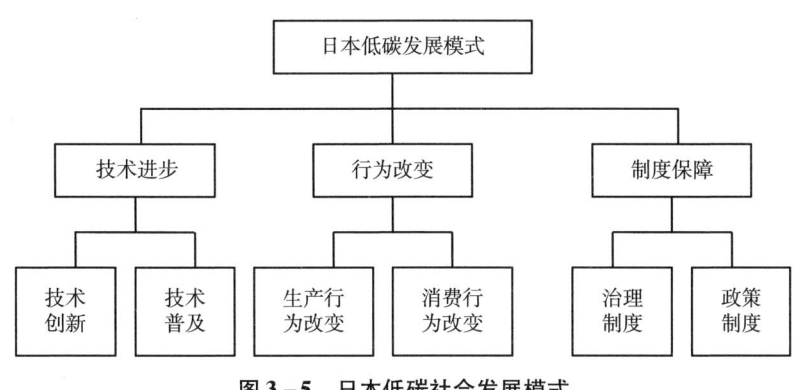

图 3-5　日本低碳社会发展模式

2. 日本区域低碳经济模式启示

日本将建设低碳社会上升到国家战略层次。日本一直重视地球环境保护，节能减排和循环经济发展在国际上占有领先优势。日本历届政府都高度重视环境保护和发展低碳经济，从战略的高度制定了建设低碳社会的步骤。早在1997年就成立了以内阁总理大臣为首的"全球变暖对策本部"，2007年6月，制定了21世纪环境立国战略；将低碳发展上升到国家战略层次有利于从国家层面协调各方面利益关系，有利于提高低碳经济发展效率和进程。

日本低碳社会建设的主要推动力是政府。政府一方面积极提供政策制度保障，另一方面提供技术创新、人才和住宅建筑及城市公共交通设施。政府通过大力宣传和政策制定引导企业和消费者转变其行为。

大力发展低碳技术。日本低碳技术优势较突出。日本有许多能源和环境技术走在世界前列。如综合利用太阳能和隔热材料、大大削减住宅耗能的环保住宅技术，利用发电时产生的废热、为暖气和热水系统提供热能的热电联产系统技术，以及废水处理技术和塑料低碳利用技术等。这些都是日本发展低碳经济的重要优势。

强调制度保障。为推动低碳经济发展，日本建立了包括治理制度和政策制度两方面的制度保障。2009 年 4 月，日本政府公布了《绿色经济与社会变革》的政策草案，为低碳社会提出了 3 个基本理念：一是实现碳的最低排放，二是实现富足而简朴的生活，三是实现与自然和谐共生。《建筑循环利用法》规定，改建房屋时有义务低碳利用所有建筑材料，使得日本由此发明了先进的混凝土再利用技术。日本政府正在探讨恢复对家庭购买太阳能发电设备提供补助的制度，降低对中小企业购买太阳能发电设备提供补助的门槛。此外，从 2009 年开始，日本政府向购买清洁柴油车的企业和个人支付补助金，以推动环保车辆的普及。

3.4 主要发展中国家低碳经济发展模式

3.4.1 印度低碳经济模式及启示

印度是世界第二大人口大国，2019 年，人口达 13.66 亿人，如此庞大的人口规模和近几年强劲的经济增长速度导致印度温室气体排放量居高不下，减排的压力相当大。

1. 印度"CDM + 碳汇"模式

印度与中国都是发展中大国，在发展低碳经济方面有共性，也有许多不同之处。中国能源消耗对煤炭依赖度较高，但印度能源主要依靠石油，且可再生能源发电占较大比例，准备实施 200 亿瓦太阳能计划。由于上述条件不同，印度的碳排放总量和人均碳排放量都低于中国。

为应对气候变化，印度政府成立高级别的环境顾问委员会统筹制定宏观发展战略。2009 年底哥本哈根气候会议时，印度对外承诺，到 2020 年二氧化碳排放强度将比 2005 年减少 20%~25%。环境委员会提出将通过多项行动计划实现减排目标：发展太阳能、提高能效、实现可持续居住、改善喜马拉雅生态环境、植树造林等 8 个领域。印度低碳经济模式特点更多体现在大力利用清洁发展机制和发展植树造林计划。

大力利用清洁发展机制。所谓清洁发展机制（CDM），是《京都议定书》设立的三个合作机制之一，主要针对发达国家和发展中国家之间的合作，即联合国气候变化框架公约规定的发达国家可通过在发展中国家投资实施温室气体减排项目，减排数额可以作为发达国家的减排义务。印度在利用 CDM 机制方面走在了发展中国家的前列。印度在议定书还未生效时，专门成立一个管理 CDM 项目开发的部门，出台了一系列激励措施支持企业和中介服务机构积极参与。该项目自 2005 年开始实施，至 2008 年，印度成为世界上出售温室气体排放权数量最大的国家。印度的许多行业都竞相积极参与并从中获益，从风能、生物质能等可再生能源行业，到传统的钢铁、建材等行业，再到边远地区的植树造林等统统参与进来。

增加森林碳汇。2007 年印度成立总理直接领导的高级别环境顾问委员会。2008 年，委员会推出"应对气候变化全国行动计划"。计划中明确提出要大力发展植树造林。植树造林被印度看作实现低碳经济的重要措施。目前，印度的森林覆盖率为 23%，政府的目标是尽快达到 33%。近几年，印度森林面积年均增长在 0.8 万公顷左右。

2. 印度低碳经济模式启示

印度低碳经济模式给我们的最大启示是重视并大力参与 CDM 项目。印度政府对 CDM 持有非常积极的态度，相当重视 CDM 项目的发展。建立了一整套自上而下的包括项目管理机构和中介咨询机构在内的管理机构和较完善的体制框架，大力扶持相关中介服务部门，使得 CDM 项目发展势头良好。我国也是发展中国家，完全可以利用《京都议定书》的有关规定，从 CDM 项目中获得经济利益和技术支持，尤其应该看重在节能、环保方面的技术。

3.4.2 俄罗斯低碳经济模式及启示[①]

俄罗斯是化石能源生产大国，经济状况严重依赖化石能源的生产和出口。在碳达峰和碳中和的时代背景下，许多国家将有意识地降低对化

---

① 国际惯例上，俄罗斯一般被称为"转轨国家"或"新兴市场"，并不属于典型的发展中国家。但因其工业结构单一，出口依赖矿产品和油气等能源产品等特点与发展中国家类似，且其在应对全球气候变暖问题上起步比欧美晚，此处将俄罗斯放在发展中国家类别中进行分析。

石能源的依赖性，国际市场对石油、天然气等化石能源的需求将减少，因此俄罗斯对化石能源生产和出口的过度依赖可能造成严重的经济后果，选择低碳发展之路势在必行。

1. 俄罗斯"低碳绿色增长"模式

2021年11月俄罗斯总理米舒斯京批准了《俄罗斯到2050年前实现温室气体低排放的社会经济发展战略》。该战略提出，俄罗斯将在经济可持续增长的同时实现温室气体低排放，并计划到2060年之前实现碳中和。俄罗斯提出的低碳发展之路是在分析自身优劣势的基础上，提出以提高森林等生态系统固碳能力和实现能源转型为主要路径。俄罗斯将围绕上述两条主要路径实现减排和碳中和，努力实现可持续经济增长前提下的低碳发展。为顺利实现碳达峰，俄罗斯制定了控制温室气体排放的目标，即到2050年前俄温室气体净排放量比2019年减少60%，同时比1990年的排放水平减少80%，并争取在2060年前实现碳中和。俄罗斯也意识到技术的重要性，提出要大力支持低碳和无碳技术的应用和拓展，提升温室气体回收利用技术，推动二次能源使用，建立有利于低碳技术发展的财政、金融政策等。

2. 俄罗斯低碳经济模式启示

俄罗斯提出的以提高生态系统固碳能力和能源转型为核心的发展新模式，告诉我们碳中和的基本思路是减少碳排放和提高碳固化吸收能力。

我国能源消费结构和俄罗斯类似，低碳能源比例偏低，因此通过能源转型降低碳排放是最基本的思路。一方面，在化石能源消费方面，尽可能用天然气替代煤炭和石油的消费量。因为天然气的碳排放因子要低于煤炭和石油。另一方面，在总的能源消费中，不断提高风能、水能、核能等低碳能源的生产和消费比例；在注重减少源头排放的同时，要不断提高生态系统固碳能力。俄罗斯是世界上森林覆盖面积最大的国家，其生态系统固碳能力较强。我国也应不断提高森林、湿地的覆盖率，提高森林、湿地、海洋等生态系统的固碳能力。

3.4.3 巴西低碳经济模式及启示

拉美国家的低碳发展模式主要是生物质能开发。巴西和阿根廷是乙醇生产大国，智利、哥伦比亚、牙买加、古巴等国家也在使用或正在研发生物能源。

1. 巴西"生物质能+碳汇"模式

巴西动植物多样性在世界上名列前茅，拥有世界上最大的森林和湿地。巴西非常重视低碳经济发展和气候变化问题，其发展低碳经济重点领域是森林碳汇和开发生物质能。所以，巴西的低碳经济模式就是积极发展生物质能和增加碳汇措施。

生物质能开发。从 20 世纪 70 年代始，政府就重点进行以乙醇和生物柴油为代表的绿色能源的开发。目前，巴西的生物燃料技术居世界领先水平，是世界上最重要的生物燃料生产和出口大国。2008 年，巴西生物燃料作物的种植面积扩大到 950 万公顷，生物柴油和乙醇的产量分别达到 11 亿升和 245 亿升，乙醇和生物柴油生产企业分别达 320 家和 43 家。据联合国公告，乙醇、生物柴油等可再生能源在巴西能源消耗中的比重达到 46%，远远高于世界 13% 的平均水平，2008 年巴西减排 2580 万吨温室气体[①]。推动生物质能的主要政策有：成立一个专门的跨部门委员会，制定规划，颁布系列法律法规，退出补贴和扶持政策，加大研发力度。

增加森林碳汇。巴西在森林碳汇方面拥有得天独厚的优势，也高度重视森林资源的保护。政府先后颁布了《21 世纪议程》《亚马孙地区生态保护法》以及《气候变化和环境法》等法律法规，形成了完备的森林保护法律框架体系。2021 年，巴西副总统莫罗表示，巴西需要每年减少森林砍伐 15%~20%，以实现在 2030 年前消除森林砍伐。

2. 巴西低碳经济发展模式启示

巴西低碳经济发展模式给我们的启示就是重视森林碳汇和开发生物质能。

重视森林碳汇。实现低碳经济的途径不外乎两个方面，一个是通过减少碳的排放来实现，另一个是通过增加碳的吸收来实现。前者靠的是生产、生活方式的转变，后者则主要靠生态系统的碳汇功能。对于一个国家或地区来说，实际碳排放量与碳汇量（包括购买的）之间的差，也就是碳的净排放量指标，可以作为衡量碳排放程度的标志，世界各国也因此而高度重视碳汇。我国属于森林覆盖率比较低的国家，况且滥砍

---

① 中共广东省委宣传部. 低碳发展知识读本 [M]. 广州：广东教育出版社，2010 (5)：148.

滥伐现象比较严重。而森林碳汇是重要的碳汇资源，应重视保护森林资源，加大植树造林的力度。同时也应该重视草原碳汇、海洋碳汇等的研究和保护，提高温室气体的吸纳能力。

积极开发生物质能。我国属农业大国，生物资源丰富，因此，应重视生物质能开发和相关技术研究。在条件适宜的地区加大生物质能开发的扶持力度。

3.5 国内区域低碳经济发展模式

3.5.1 国家层面的低碳经济实践

面对气候变暖的严峻形势，我国开展了一系列的基于国际合作的理论探讨。1999 年，美国能源基金会与国家发改委能源研究所合作开展了低碳发展之路项目（low carbon development programme，LCDP）研究，主要研究议题是宏观能源规划辅助工具在中国的开发和应用。2003 年，英国相关部门与中国社会科学院可持续发展研究中心合作，研究低碳经济方面的一系列课题。2007 年，日本国家环境研究所与国家发改委能源研究所（姜克隽研究员主持），开展了"低碳社会在亚洲"的项目。

在一系列研究基础上，2006 年底，国家科技部、气象局、环保总局等六部委联合发布了《第二次气候变化国家评估报告》。2007 年 6 月，中国政府发布了《中国应对气候变化国家方案》，方案提出调整能源结构，强化钢铁、有色金属、石油化工、建材、交通运输、农业机械等领域的节能技术开发和推广等具体措施。2007 年 7 月，温家宝总理主持召开国家应对气候变化及节能减排工作领导小组第一次会议，研究部署应对气候变化、落实节能减排工作；2007 年 9 月 8 日，时任国家主席胡锦涛在亚太经合组织（APEC）第 15 次领导人会议上，明确提出要发展低碳经济，研发和推广低碳能源技术。2007 年底，国务院新闻办公室发表《中国的能源状况与政策》白皮书，介绍了中国能源发展现状、能源发展战略和目标、提出能源多元化发展战略，将可再生能源发展列入国家能源发展战略体系。2008 年 10 月，我国政府发表应对气候变化的纲领性文件《中国应对气候变化的政策与行动》。2009年9月，胡锦涛主席在联合国气候变化峰会上承诺，中国将进一步把应对气候变化纳入经济社会发展规划，争取到2020年单位国内生产总值二氧化碳排放比2005年有显著下降，非化石能源占一次能源消费比重达到15%左右。2020年9月22日，习近平主席在第七十五届联合国大会一般性辩论上宣布，中国将提高国家自主贡献力度，采取更加有力的政策和措施，二氧化碳排放力争于2030年前达到峰值，努力争取2060年前实现碳中和。在2020年12月气候雄心峰会上，我国宣布了更具体的目标：到2030年，单位国内生产总值二氧化碳排放将比2005年下降65%以上，非化石能源占一次能源消费比重将达到25%左右，森林蓄积量将比2005年增加60亿立方米，风电、太阳能发电总装机容量将达到12亿千瓦以上。

中央政府各部委为推进低碳经济发展开展了一系列实践活动。国家发改委已编制完成《低碳经济发展指导意见》，正在制定有关碳交易的《自愿减排贸易规则》；环保部于2009年颁布了《关于在国家生态工业示范园区中加强发展低碳经济的通知》，以生态工业园区建设推动低碳经济发展。2010年与英国标准协会（BSI）签署了关于低碳产品认证的合作备忘录，未来将把碳排放量化指标作为低碳产品、生态工业园区、低碳社区及低碳城市的评审指标，将获得认证的低碳产品列入政府采购清单。工信部将低碳绿色工业纳入国家发展规划，力抓重点行业节能减排工作。钢铁、水泥、电子信息、军工等行业以及中小企业节能减排的指导意见正在制订中，重点行业的能耗、物耗和环保技术标准规范也正在制定或修订中。逐步加强对年综合能耗在5000吨标煤以上的重点用能企业节能目标进行考核。

2008年9月25日，首个获得财政部和环保部批准的综合性排放权交易机构——天津排放权交易所设立。作为一个利用市场化手段和金融创新方式促进节能减排的国际化交易平台，该交易所初期主要致力于开发二氧化硫、化学需氧量等主要污染物交易产品、能源效率交易产品和温室气体排放权交易产品。2009年6月，中国社会科学院在京发布的《城市蓝皮书：中国城市发展报告（No.2）》指出，在全球气候变化的大背景下，发展低碳经济正在成为各级部门决策者的共识。节能减排，促进低碳经济发展，既是救治全球气候变暖的关键性方案，也是践行科学发展观的重要手段。2009年10月,"中德低碳产品认证合作项目"签约,这是中国在低碳产品认证领域的首个对外合作项目。中国环境保护部是在参考了国外低碳产品认证发展模式的基础上,决定开展低碳产品认证的。

3.5.2 省级层面低碳实践

广东省于2009年举办低碳经济高峰论坛,广州能源所、英国驻穗总领事馆联合课题组正在开展"广东省发展低碳经济路线图及促进政策研究"。广州、深圳、珠海、东莞等市均提出了各自的低碳经济发展方案或指导意见。深圳已被选定为广东低碳经济试点城市。

湖北省统计局于2009年发布了《湖北发展低碳经济问题研究》,湖北省发改委启动了低碳经济发展规划编制工作。2010年,湖北省政府工作报告明确提出要编制低碳经济试点方案,把武汉城市圈建成全国"低碳经济发展实验区"。计划将武汉城市圈和青山—阳逻—鄂州大循环经济示范区申报为国家级低碳经济试点区,探索低碳能源、低碳交通、低碳产业发展模式,建立促进资源节约、低碳经济发展的政策体系,重点推动一批低碳经济示范工程建设。

云南省于2009年提出将云南列为国家低碳经济试点省的设想,编制《关于申请将云南省列为国家低碳经济试点省的请示》上报国家发改委。在此基础上,发改委牵头编制了《云南省低碳经济发展规划》;同时,低碳经济领域的立法被确定为2010年云南人大立法工作的重点。

2010年,全国31个省份中有28个省份在政府工作报告中提到发展低碳经济,部分省份已启动低碳经济规划、方案编制以及政策设计。2010年国家改革与发展委员会最终确定广东、湖北、辽宁、陕西、云南5省率先开展低碳省试点工作。2012年第二批试点增加了海南、北京、上海。2017年低碳省试点再次增加。

3.5.3 低碳城市实践

截至2020年,全国已有超过30个城市提出了低碳城市建设目标,许多城市甚至已经开展了低碳发展的试点实践,如世界自然基金会

（WWF）支持的"中国低碳城市发展项目首批试点城市"——上海、保定；科技部、中国科学院、中国 21 世纪议程管理中心与英国伦敦大学、南安普敦大学在中国联合开展的"中英低碳城市建设试点与示范"科研合作项目，选择广州市、上海市闵行区、西安市和南阳市西峡县作为全国首批中英低碳城市建设试点；瑞士政府选择四川眉山市作为在中国开展的首个低碳试点城市；英国皇家事务研究所、第三代环境主义、中国社科院城市发展与环境研究中心、国家发改委能源研究所选择吉林市作为"低碳经济方法学及低碳经济区发展案例研究"项目中的低碳经济区案例研究试点城市；英国政府战略方案基金（SPF）选择山东省济南市、东营市，贵州贵阳市、遵义市作为中英城市低碳经济示范项目。2010 年发改委确定天津、重庆、深圳、厦门、杭州、南昌、贵阳、保定 8 市低碳城市试点工作。

上海"生态城"模式。2008 年初，上海市和保定市被列为世界自然基金会"中国低碳城市发展项目"首批试点城市；其中，上海市将打造崇明岛、临港新城、虹桥枢纽三大低碳发展路径。位于崇明岛的东滩生态城可能成为世界上第一个二氧化碳零排放区域。在生态城内，八成固体废弃物将实现低碳使用，热能和电力主要通过风能、太阳能光伏和生物质能获得，而且中国第一个氢能电网也有望建立于此。

保定市"太阳城"模式。在全市范围引入、推广和应用太阳能产品，提倡"让阳光照亮保定、温暖保定"。保定市还从城市生态环境建设、低碳社区建设、低碳化交通体系等入手，创建低碳城市。2008 年，保定成为中国第一个公布二氧化碳减排目标的城市，2020 年比 2005 年单位 GDP 减排 51%，比同期全国目标高 6~11 个百分点。低碳城市实践在保定市取得了很好的成效。2009 年保定市生产总值增长了 10.5%，万元地区生产总值综合能耗下降了 4.8%。

南昌"太阳能产业"模式。2010 年 2 月，英国政府战略方案基金将南昌市作为低碳城市示范项目。南昌市的主要措施包括：加大新型战略产业发展步伐，积极建设集硅片生产、薄膜电池、导电玻璃、太阳能电池以及上下游产业于一体的世界级太阳能光伏产业园；大力推进"十城千辆"和"十城万盏"工程，以及"森林城乡""花园南昌"等一系列规划建设。同时，南昌市还规划了四大低碳经济示范区，即军山湖低碳农业生态旅游区、红谷滩以及扬子洲生态居住和服务业中心、湾里区生态园林区以及高新开发区生态高科技园区。

昆明"高碳产业低碳改造"模式。由亚洲开发银行技术援助的云南省昆明低碳经济发展示范项目日前正式启动。示范项目旨在通过引入国际先进的低碳经济发展技术方法和经验，探索昆明市钢铁、水泥、建材、化工和有色金属五大行业节能减排的有效途径，促进昆明向低碳城市发展，并为云南省发展低碳经济提供借鉴。

中山市"新能源产业基地"模式。中山市将培育和发展新能源产业，把新能源产业打造成中山市具有核心竞争力的优势支柱产业，将中山建设为广东省新能源产业基地、全国新能源产业示范基地。目前中山市已编制出《中山市加快新能源产业发展的若干政策规定》和《中山市新能源产业发展指导目录》。中山市人民政府和广东省发展改革委员会还联合主办中山市新能源产业发展论坛，宣传推介中山市新能源产业的发展规划和政策措施。

镇江"太阳能产业基地"模式。镇江规划做大做强薄膜太阳能产业，打造中国建材光伏产业基地。目前，中国建筑材料集团有限公司与镇江实行战略合作，计划用3年左右时间，在镇江开发建设1万平方米以上的新型太阳能房屋，形成全国最大的薄膜太阳能电池组件和TCO玻璃生产能力，设立太阳能应用研究院，从源头开始，把整个薄膜太阳能产业链完全打通，用最低的成本做出最好的产品，建设新能源应用研究基地。

纵观中国低碳城市发展形势，分析各地发展策略与行为，存在的主要问题有：大部分城市没有低碳发展规划就开始行动，有行动的城市项目选择定位不当，雷同率高，公共投入不计成本，国民福利浪费严重。

3.6 国内外发展模式的启示

3.6.1 国内外低碳发展模式启示

纵观上述国家低碳经济发展模式经验，可以得出以下启示：
1. 发达国家将新能源开发和低碳技术作为低碳发展的核心
当前，发达国家把新能源与低碳技术作为温室气体减排的核心手段,并将相关产业作为新的经济增长点进行培育,以巩固其在世界经济的领先地位。各国围绕新能源产业与低碳技术的竞争已全面展开,低碳经济发展不仅是促进人类社会可持续发展的必由之路,也是促进经济跨越式发展,提高竞争水平的绝佳机会。我国正处于经济发展转型的关键时期,不失时机地把握新能源产业与低碳技术这个战略机遇,对于增强我国在世界经济的竞争力与影响力具有重要意义。开发低碳能源,提高能源利用效率,优化能源结构。新能源的基础设施投入资金巨大,较长的建设周期,短期内很难改善能源结构,因此,在开发新能源的同时,应该把能源结构的调整与提高能源利用效率相结合。目前,我国的能源系统效率为33.4%,比国际先进水平低10个百分点。低碳技术方面,我国与发达国家相比还存在不小的差距。如大型风力发电设备、高性价比太阳能光伏发电、燃料电池技术、氢能技术等,以及清洁煤技术、二氧化碳捕获与封存技术方面都比较落后。

2. 发展中国家将提高碳生产力作为低碳发展的核心

包括我国在内的大多数发展中国家还没有完成工业化、城市化,大量基础设施需要建设,保持自身正当发展必然会导致二氧化碳排放;且从人均年温室气体排放水平上,发展中国家远低于发达国家。因此,在现阶段让发展中国家实现二氧化碳绝对量减排是不合理的。我国的低碳发展目标就是通过发展低碳能源技术,转变经济发展方式,减少由经济快速增长、新增能源需求产生的碳排放,即以提高碳生产力、大幅度降低单位GDP碳排放强度为主要着力点,促进社会经济可持续发展。

总之,我国正处于工业化、城市化快速发展阶段,人口基数庞大,促进稳定发展必将在一定时期内使温室气体排放总量仍保持继续增长的趋势。此外,煤炭是我国的主要能源,长期以来形成的以煤炭为主的能源结构带来严重的环境污染,且在发展可再生能源和新能源技术方面和发达国家有较大差距。因此,产业结构调整、能源结构调整以及技术设备革新都将是我国低碳经济发展的重点问题,需要从政策扶植、强制管理、经济激励、市场引导等方面多管齐下地推进低碳经济建设。

3.6.2 区域低碳经济发展模式研究框架

区域低碳经济发展模式选择首先应该对该区域有明确的认识。如

图 3-6 所示，对区域的分析可以从两方面展开。一方面从定性角度对该区域低碳经济发展态势进行分析，包括明确该区域发展低碳经济的挑战与机遇，重点分析该区域的能源利用现状和碳排放现状；另一方面从定量分析角度对该区域的低碳发展水平及此区域发展现状进行分析。该部分内容包括该区域在全国低碳发展水平评价，从时间角度分析该区域的发展趋势，还包括对次一级区域聚类分析。然后对碳排放的主要影响因素进行甄别，明确影响该区域的主要因素，为下一步低碳经济发展模式的选择提供依据。根据前面的分析，从两个层次展开低碳经济模式选择研究：一是根据该区域整体特征选择其发展模式；二是对该区域内部不同类型的次区域选择不同的低碳发展模式。

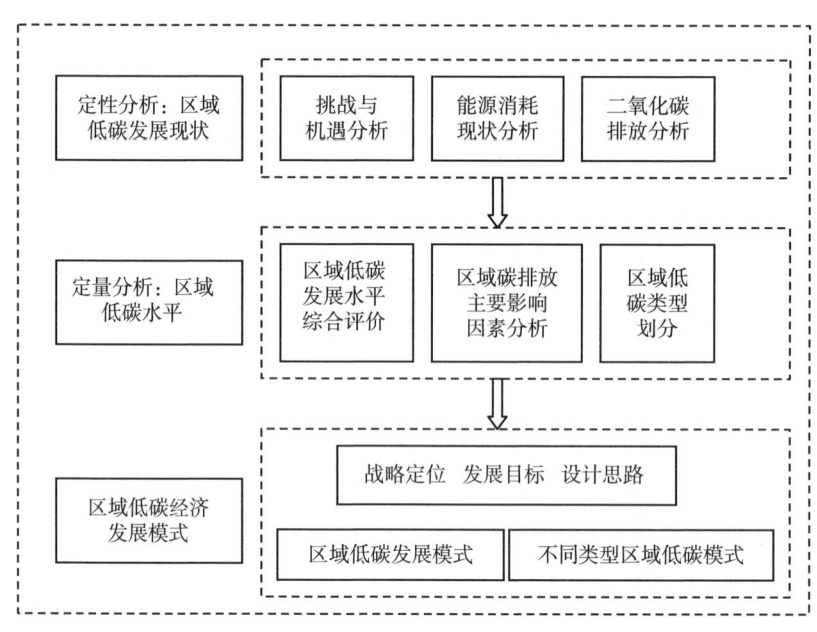

图 3-6 区域低碳经济发展模式研究框架

第4章 区域低碳经济发展基础及条件分析：山东省为例

要对区域低碳经济发展模式进行研究，必须明确该区域发展低碳经济的基础和条件。要明确该区域发展低碳经济的现状，可以从低碳发展机遇挑战分析、能源消耗现状分析、碳排放现状分析3个方面展开。下面就以山东省为例详细分析其发展低碳经济的基础和条件。

2019年，山东省能源消耗量全国第一，碳排放量全国第一，GDP全国第三。通过2020年《中国能源统计年鉴》的数据分析，可以看到，山东的能源消费总量占全国的8.5%，其中煤炭消费量占全国的9.2%，碳排放量占全国的9.5%，而生产的GDP占全国的7.2%。

4.1 山东省发展低碳经济的机遇挑战分析

4.1.1 机遇分析

1. 经济规模大——低碳经济发展物质保障

山东省经济总量位居全国第三，如此大的经济规模为低碳经济发展提供了强有力的物质保障。自改革开放以来，山东省经济持续快速增长。根据2020年《山东统计年鉴》统计，按当年价格计算，2019年地区生产总值达71067.53亿元，是2000年的8.6倍，占全国比重为7.21%。与此同时，山东经济增长速度快。近十几年以来，山东省经济增长一直保持高速。2000~2009年，GDP增长速度都在10%以上，尤其是2004年、2005年和2006年更是达到15.3%、15%和14.7%的超高速度。

在低碳经济发展初始阶段，政府的政策引导和财政补贴相当重要。淘汰落后产能，抑制高能耗产业发展，扶持新能源开发，鼓励节能技术研究等项目的开展都离不开政府的财政扶持。在此情况下，山东省较大的经济规模和财政收入就为低碳经济发展提供了坚实的物质保障。当然，经济规模大往往意味着碳排放规模也大，在下文中会有所分析。

2. 技术基础较好——低碳经济发展技术保障

低碳技术主要包括三类，即节能技术、新能源技术和低碳产业技术。山东省无论在新能源技术、节能技术还是低碳产业技术方面都具有较好的技术基础，为低碳经济发展提供了一定的技术保障。为实现节能目标，山东省制定了有效的措施促进节能技术研究及产业化，加快合同能源管理，在高效节能电机、节能空调、新能源汽车等节能技术方面取得较大的突破。青岛、烟台等地的风能发展极快，济南、德州的太阳能技术国内领先，菏泽的生物质能电厂也是国内领先水平。低碳技术水平较高，为山东省低碳经济发展提供了较好的技术保障。低碳经济的竞争归根结底是低碳技术的竞争。

山东省鼓励加快节能减排技术研发、产业化示范和推广，促进节能服务产业发展。2007年，山东省政府提出了推广实施三个"节能100项"的政策，即在"十一五"期间在全省推广实施100项重大节能技术、100项重大节能装备和100项重大节能示范项目。2005年、2006年先后发布《山东省省级机关节能降耗考核奖励暂行办法》和《山东省节能奖励办法》。2007年制定了《山东省太阳能集热系统财政补贴资金使用管理暂行办法》和《山东省高效照明产品推广工作实施方案》等。2007年，山东省发布《山东省超标准耗能加价管理办法（试行）》，对超过限额标准用能的单位实行加价，以能源基准价格为基础，超标准10%以内，超耗部分加价1倍；超标准10%~20%（含10%），超耗部分加价2倍；超标准20%以上（含20%），超耗部分加价3倍。同时要求超标准用能单位限期进行整改，在规定期限内能耗标准仍不能达标的，依法责令其停产或关闭。《山东省超标准耗能加价管理办法》的出台，标志着山东省在运用经济手段方面促进节能降耗前进了一大步。

2014年6月,在山东省节能监察总队和中国节能协会的大力支持下,建成总建筑面积10800平方米的山东省节能减排科学展览馆,展馆一期总计展示节能环保技术76项,涵盖建筑、电力、冶炼、石油、化工等行业节能环保领域,大力推广应用节能产品、建设节能服务体系。系统化展示节能产品、宣传节能政策、举办节能技术与产品交易、项目合作交流、用能企业节能培训和区域投资项目需求分布,打造国内一流的节能展示交易和合作交流的专业化服务平台,从而实现节能效益的最大化。

3. 政策基础——低碳经济发展政策保障

围绕国家相关法律制定完善与低碳经济相关政策法规。2017年印发了《山东省"十三五"节能减排综合工作方案》,确立了政府主导、市场驱动、企业主体和社会参与的工作格局。在综合运用经济、法律、技术和行政手段的基础上,健全激励约束机制,严格执行节能环保法律法规和标准,把节能减排转化为企业和相关责任主体的内在要求,形成全民行动、全员参与、全社会动员的良好局面。2007年制订了《节能减排综合性工作实施方案》和《山东省循环经济试点工作实施方案》,明确了节能减排的目标任务和总体要求,针对钢铁、电力、化工、煤炭等十大重点行业提出循环经济模式,并提出以节能为首的十大循环经济工程。山东省先后发布《关于进一步加快发展农村沼气等可再生能源的意见》和《山东省农作物秸秆综合利用试点工作方案》。2008年,山东省公布《山东省能源中长期发展规划纲要》,提出要加快核电发展,大力发展可再生能源和余能发电,明确提出"到2030年,全省新能源和可再生能源消费提高到18%左右",并规划了2010年、2015年和2020年核电、风电、生物质能和太阳能发电的具体发展目标。2009年《山东省节约能源条例》修订版发布。同年,出台了《山东省可再生能源建筑应用发展规划(2008 – 2012)》,提出了2012年全省可再生能源建筑应用面积发展目标,推进太阳能热水器、太阳能照明等在城镇和农村建筑中的应用。2010年,山东省出台了《关于扶持光伏发电加快发展的意见》,规划了未来三年内山东省光伏发电目标和重点领域,同时在价格、资金等方面给予了相应的扶持政策。

淘汰落后产能,发展节能环保产业。2006年,山东省发布了《关于加快淘汰落后产品生产能力促进工业结构优化升级的意见的通知》，要求在"十一五"期间淘汰落后工艺和装备有13大类、105项，淘汰的落后产品有4大类、15种，重点行业涉及冶金、化工、轻工、建材、纺织、机械、煤炭七大工业。2008年，制定了《山东省关停和淘汰落后水泥产能工作实施方案》。另外，2007年、2008年，山东省先后制订了《关于进一步严格控制高耗能行业固定资产投资项目建设的通知》和《山东省高耗能行业技术改造项目淘汰同等能耗量落后产能实施办法》，通过控制高耗能行业发展与淘汰落后产能，有效控制了能耗增量。根据山东省工信厅2019年11月信息，滨州魏桥集团的203万吨电解铝产能将退出并转移到云南。在促进节能环保产业发展方面，2008年，山东省提出《关于加快发展节能服务产业的意见》《关于加快半导体照明产业发展的意见》。2009年，山东省发布《关于加快我省新能源和节能环保产业发展的意见》《关于促进新能源产业加快发展的若干政策》和《关于促进航空航天、核电装备、新能源、节能环保、新材料5个新兴产业加快发展的指导意见（第三批）》。2018年出台的《山东省新旧动能转换重大工程实施规划》将新能源新材料产业纳入十强产业，为新能源产业发展提供了重大历史机遇。

抓好重点工程节能，促进示范项目发展。2007年《山东省节能减排综合性工作实施方案》提出十大重点节能工程：①实施钢铁、有色、石油石化、化工、建材等重点耗能行业余热余压利用、电机系统节能、能量系统优化，以及工业锅炉（窑炉）改造项目。②加快核准建设和改造采暖供热为主的热电联产和工业热电联产机组。③组织实施低能耗、绿色建筑示范项目5个，城市绿色照明示范工程5个。④培育34个既有居住建筑供热计量及节能省级示范项目，完成既有居住建筑节能改造1000万平方米。⑤启动20个可再生能源在建筑中规模化应用示范推广项目。⑥推广无污染、资源循环型建材产品，着重加快木塑复合材料工业化生产和应用。⑦推广高效照明产品，重点发展LED半导体照明产业。⑧推广高效节能灯500万支，省直机关率先更换节能灯。⑨组织推广100项重大节能技术、100项重大节能装备，实施100项重大节能项目。⑩积极采用高新技术和先进适用技术改造传统产业，每年支持一批重大信息技术改造项目、重大节能电子信息项目。

4. 新能源发展基础较好——低碳经济发展能源保障

新能源是具有战略性和先导性的新兴产业，代表着未来技术变革和能源发展的方向，是调整优化产业结构、培育发展新动能的重要领域，是解决能源资源短缺、加强生态环境保护的重要途径。大力发展新能源产业，对提升产业核心竞争力，抢占未来经济和科技发展制高点，加快推进新旧动能转换以及调整优化能源结构都具有重要的战略意义。2018年11月山东省人民政府印发《山东省新能源产业发展规划（2018－2028年）》，规划涉及发展基础、发展形势、发展思路原则目标、重点任务和保障措施5个部分，涵盖新能源汽车、核电、智能电网及储能、热泵、太阳能、风能、生物质能、氢能、可燃冰、海洋能等领域。

山东省新能源如风能、太阳能、氢能、核能等无碳能源得到极快发展。根据国家能源局统计数据，截至2019年底，山东省风电累计装机1354万千瓦，居全国第四位，发电量225亿千瓦时；弃风电量0.3亿千瓦时，弃风率0.10%处低水平；全省风电平均利用小时数1863小时，低于全国平均水平。在太阳能利用方面，2019年，山东省新增光伏发电装机容量258万千瓦，其中的集中式光伏电站容量为29万千瓦，截至2019年底山东省光伏累计装机容量达1619万千瓦，居全国第一位。生物质能是蕴藏在生物质中的能量，是可再生能源，秸秆和薪柴、木材及森工废弃物、农业废弃物、城市和工业有机废弃物和动物粪便都是生物质能。它的优点是易燃烧、污染少、灰分较低，是仅次于煤炭、石油和天然气而居于世界能源消费总量第四位的能源。山东是生物质能源大省，全省生物质资源可利用量折合标煤约4500万吨，目前利用率仅为30%左右。改变以煤为主的能源供应结构，推广应用生物质能发电、清洁供热等，前景广阔、意义重大。菏泽市的国能单县生物发电有限公司作为我国第一个生物质发电示范项目，2006年12月1日正式投产。根据国家能源局数据，2019年新增生物质能装机容量66.5万千瓦，截至2019年底累计装机量达324万千瓦，年发电量达140.8亿千瓦时，累计装机量和年发电量均排名全国第一。根据《山东省新能源产业发展规划（2018－2028年）》，山东省在鲁西北、鲁中等农作物秸秆丰富地区重点建设农作物秸秆为主的生物质发电项目；在鲁南木材加工聚集区和农作物秸秆丰富地区重点建设农林生物质发电项目；在胶东半岛果树枝丫柴资源丰富地区重点建设林木资源为主的生物质发电项目。力争到2022年，全省生物质发电装机容量达到350万千瓦左右；到2028年，全省生物质发电装机容量达到500万千瓦左右。

氢能来源广泛、清洁、应用场景丰富，被认为是推动传统化石能源清洁高效利用和支撑可再生能源大规模发展的理想互联媒介。氢能制取、储运和燃料电池等技术日渐成熟，美国、日本、韩国、欧盟等主要发达国家和地区均将氢能纳入能源发展战略。山东省是中国燃料电池车研发与示范最早的地区之一。2020年6月山东省人民政府办公厅发布了《山东省氢能产业中长期发展规划（2020－2030年）》，提出培育壮大"鲁氢经济带"的规划。通过10年左右的努力，实现山东省氢能产业从小到大、从弱变强的突破性发展，打造"中国氢谷""东方氢岛"两大品牌，培育壮大"鲁氢经济带"（青岛—潍坊—淄博—济南—聊城—济宁）。将济南打造成为氢能产业创新研发、装备制造、商务会展、商业应用基地；将青岛发展成为氢能轨道车辆及船舶研发制造、氢能港口机械及物流应用、氢能热电联供及固定式、分布式电源研发应用基地。布局两大集群，形成以潍坊、淄博为龙头的燃料电池及关键材料产业集群和以聊城、济宁为龙头的燃料电池整车及氢能制储装备产业集群。山东将围绕建设国家氢能与燃料电池示范区，实施氢能产业发展"三步走"战略。2020~2022年，逐步完善产业发展制度体系，工业副产氢纯化和燃料电池核心技术达到国内先进水平，有序推进加氢基础设施建设，产业总产值突破200亿元；至2025年，培育10家左右具有核心竞争力和影响力的知名企业，燃料电池发动机产能达到50000台，产业总产值突破1000亿元；至2030年，形成一批具有自主知识产权的知名企业和品牌，建立氢能产业与新一代信息技术和新业态深度融合的新型智慧生态体系。

另外，山东省在低碳城市建设方面和CDM项目方面都取得了不错的成绩。山东省积极进行低碳城市建设，取得了不错的成绩。德州市以"发展生态经济、建设低碳德州"为目标，强力推进新能源、新材料、生物技术、体育文化用品、环保设备五大新兴产业战略，全力打造低碳经济发展高地，在太阳能光电、节能建筑技术、生态环境保护等方面走在了全国前列。2013年5月，潍坊市被住建部和美国能源部确定为中美低碳生态试点城市之一。2010年12月6日坎昆会议发布《中国清洁革命报告Ⅲ：城市》。报告介绍说，在中国城市的低碳进程中，出现了以保定、德州、南昌为代表的从低碳产业发端的"碳益"城市；2010年，东营市成为第一个低碳生态城市试点。2010年10月威海荣成市成为山东首个低碳经济科技示范城市。潍坊市规划建设12个低碳社区，"中国建筑节能城市"项目在潍坊启动。CDM项目方面，山东积极实施清洁发展机制（CDM）项目，目前已初步建立了"政府引导、部门推动、市场运作、企业为主、社会参与、国际合作"的长效工作机制。根据发改委数据，截至2010年9月，山东省已有104个CDM项目通过发改委批准，年减排二氧化碳3040万吨。山东省环保厅把钢铁、焦化、水泥、电力、煤矿、新能源和可再生能源、废物处理等行业作为培育开发的重点。16市因地制宜，针对各自产业结构特点，积极探索发展CDM项目的新路子。潍坊市将地热能、太阳能、生物智能、风力发电四大类作为开发重点领域，明确了12项目标任务。全市还将CDM项目列入综合配套改革试点项目，专门出台了《关于加快推动培育开发清洁发展机制项目的实施意见》，充分给予发展保障。济宁市对煤炭、焦化、农业、发酵行业进行摸底调查，筛选出8个项目作为重点。其中兖矿国际焦化有限公司干熄焦余热发电项目，与瑞典碳资产管理有限公司签订了《CDM减排量购买协议》。2007年3月19日，济钢燃气—蒸汽联合循环发电CDM（清洁发展机制）项目在联合国CDM执行理事会正式注册成功。济钢被允许向跨国企业出售燃气——蒸汽联合循环发电带来的"CO_2减排量"，每年可减排二氧化碳约130万吨年，可获约1亿元人民币的纯收益。这是我国冶金行业第一个注册成功的CDM项目，也是发展中国家冶金行业所有注册成功的CDM项目中二氧化碳减排量最大的。

4.1.2 挑战分析

1. 发展阶段——工业化中期阶段

我们可以利用人均GDP、第三产业占地区生产总值比重和工业内部结构等指标综合分析山东省经济发展阶段（见图4-1）。北京市、上海市两个城市的人均GDP与三产占GDP比重远远超出其他省份，根据H.

钱纳里经济发展模式和国际产业结构演变模式判断，这两座城市已进入后工业化阶段。天津市人均GDP较高，但服务业对GDP贡献仍不高，浙江省、江苏省、广东省的人均GDP相对天津市较低，但服务业对GDP贡献稍高，综合判断这些省份处于工业化后期阶段。山东省位于第三列方队，处于工业化中后期阶段。

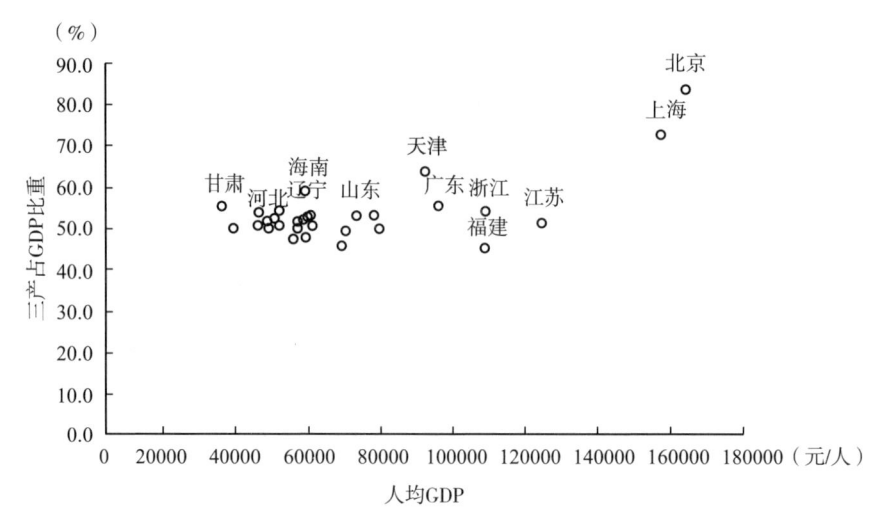

图 4-1 2019年全国31个省市区三产比重及人均GDP

国际经验表明，工业内部结构的变动一般从轻工业的发展起步，逐步经历重工业化阶段、高加工度化阶段和技术集约化阶段。在以原材料工业为重心的工业化时期，工业化处于初级阶段；以加工装配工业为中心的高加工度化阶段，工业化进入中期阶段；而当工业结构转向技术集约化阶段，技术进步取代资本成为工业发展的主要贡献要素，技术密集型产业对工业增长起主要支撑作用时，工业化便到了后期阶段。

从工业内部结构来看，工业以能源、原材料等重化工业为主导，但动力机械、工程机械、汽车制造、船舶制造、电子通信等高加工制造业正在逐步壮大。从工业内部结构判断，经济发展也处于工业化中期阶段。该阶段产业发展表现为明显的粗放型特征，且随产业向高加工度化继续演进，经济系统对基础原材料和能源的需求会进一步增加。

2. 产业结构——重化工业仍旧偏高

如图 4-2 所示，山东是传统的工农业比较发达的省份，产业结构中三产对经济增长的贡献率都保持"二、三、一"的顺序。伴随新旧动能转换的不断推进，从2016年开始，第三产业的比重开始逐步超过第二产业。2019年，第一、二、三产业占地区生产总值中的比重是9.5∶55.8∶34.7。而同期全国统计数据中第一、二、三产业对国内生产总值的贡献比例为10.3∶46.3∶43.4。可以看出，山东省产业结构虽然有一定程度的调整，但是第二产业比重仍旧偏高，第三产业比重明显偏低。如果与国内较发达省市比较，差距更加明显。2019年，北京市生产总值三次产业构成比例是0.3∶16.2∶83.5，上海市为0.3∶27∶72.7，天津市为1.3∶35.2∶63.5，广东省为4∶40.4∶55.6。由于第二产业是碳排放的主要行业，这样的产业结构对碳减排是十分不利的。在经济总量排名前十的省市中，山东省第二产业比重是最高的，第三产业比重是最低的，甚至低于全国平均水平。这也从另一个方面反映了山东省经济发展过程中长期存在的问题：第二产业过度发展、第三产业相对落后。

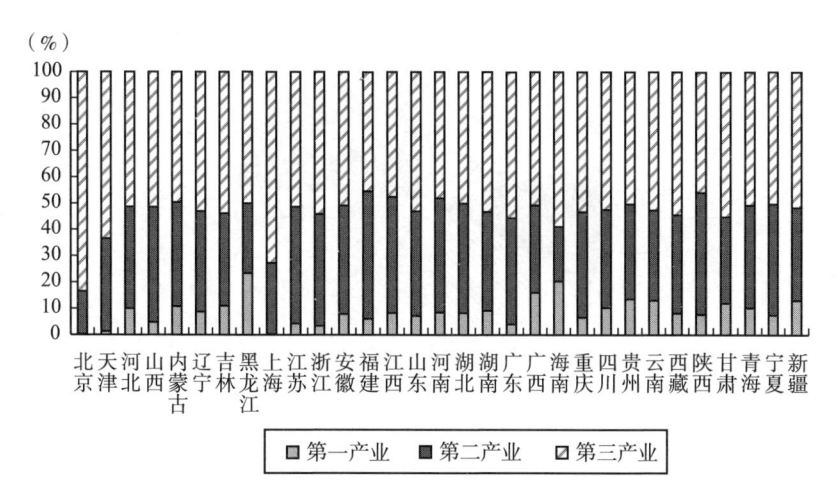

图4-2 2019年全国31省份三次产业构成

产业结构偏重化工业，而重化工业属于高能耗的产业，因此，山东省能源消耗压力较大。2019年能源消耗总量41390万吨标准煤，工业和建筑业总能耗31775万吨标准煤，占能耗总量的76.77%。山东省的支柱产业基本上都是高能耗产业。从工业内部结构来看，目前山东省基本形成了以能源、化工、冶金、建材、机械、纺织、食品等支柱产业为主体的工业体系。由图4-3可知，化学原料及化学制品制造业、农副食品加工业、通用设备制造业、纺织业、非金属矿物制品业、交通运输设备业、电器机械及器材制造业、通信设备及其电子设备制造业、黑色金属冶炼压延加工业、专用设备制造业等行业对工业经济的贡献较大，而这些行业也是能源消耗大户。2019年工业企业全部能耗29757.62万吨标准煤，其中，化学原料及化学制品制造业能耗最多，总共消费5395.52万吨标准煤，行业综合能耗占比高达18.13%。其次是黑色金属冶炼及压延加工业总能耗4971.6吨标准煤，占比16.71%，然后是有色金属冶炼和压延加工业能耗占比16.44%，石油加工、炼焦和核燃料加工业占8.28%，非金属矿物制品业占7.28%，电力、热力生产和供应占5.26%，造纸和纸制品业占比3.62%，上述六大高耗能行业能耗占工业能耗的66%，煤炭消耗占全省的89.9%（见图4-3）。

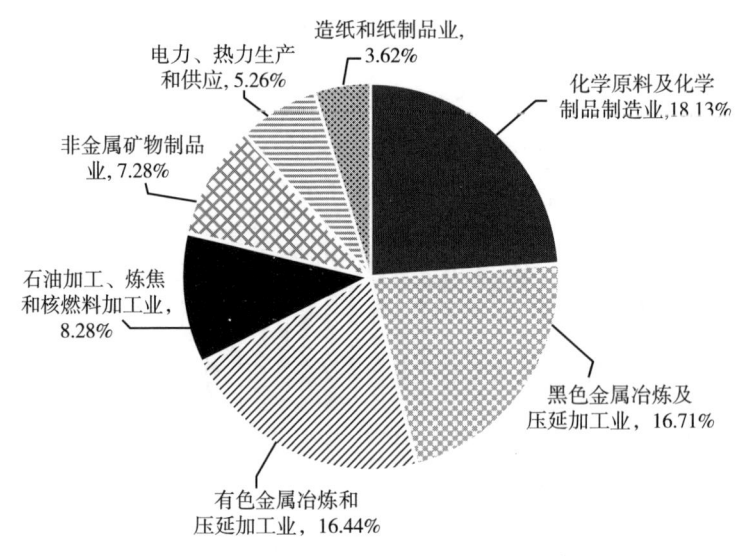

图4-3 山东省2019年工业行业能耗情况

从各行业在全国的发展水平看，山东省的能源（原油）、化工、冶金、建材、机械、纺织、食品等行业位居全国前列，尤其是水泥、化肥、布匹等产品产量排名全国第一，而在汽车制造、电子通信、医药制造、航空航天装备等高端制造业上与广东、上海、北京、江苏、天津等省市还存在一定差距。能源、原材料和低端制造业通常表现出明显的高消耗、高排放特征，这种"双高"工业结构将对山东省发展低碳经济造成较大阻力。

3. 国际环境挑战

低碳经济发展理念在国际社会的提出意味着人类生产消费的方式向着更加高级的生态文明方式发展，表明世界各国在发展过程中达成了一致的生态价值观。在未来发展阶段，低碳经济势必会发展成为世界发展的新潮流和新趋势。但是，全球低碳经济的发展速度在很大程度上受到全球气候变化谈判进程的影响。2008 年美国金融危机以来，世界经济形势动荡不已，尤其是 2011 年欧洲债务危机令许多国家陷入经济困境，气候变化不再是关注焦点。由于认为巴黎气候协定给美国带来苛刻的财政和经济负担，2017 年 6 月总统特朗普宣布了退出《巴黎气候协定》的决定，这一决定给全球气候治理进程带来极大的不确定性。2020 年以来，新冠肺炎疫情对全球经济社会造成巨大冲击，在现实威胁和未来可能潜在威胁之间，人类往往会优先选择关注现实。各国把精力放在防治新冠肺炎疫情和恢复经济社会发展方面，对于低碳经济的关注度会有所下降。2021 年 1 月，美国总统拜登签署行政命令，美国重新加入《巴黎气候协定》。作为第二大碳排放国的美国对于气候问题的态度决定了未来温室气体减排的成败。

新能源产业发展困难重重。首先，发展新能源需要政府财政支出，在经济不景气背景下各国新能源发展受到抑制。全球暴发的新冠肺炎疫情给各国经济发展带来重创，政府财政收入大幅度减少，恢复经济成为当务之急，政府很难把更多的财政支出用在发展新能源方面。其次，2021 年下半年各国面临的能源短缺妨碍新能源的发展。下半年来，中国部分省份出现电荒，英国出现"加油难"，美国也出现"电荒"。能源短缺的出现一方面是由于新冠肺炎疫情带来的全球供应链遭到破坏，另一方面是货币宽松带来的化石能源价格上涨，还有一个重要原因是新能源供应能力还无法完全替代煤炭、石油等传统能源的退出。此外，核电发展遭遇困境。日本福岛第一核电站发生重大泄漏事故，在全球范围内激起了核电安全和核电发展选择的大争论。2011 年 9 月法国南部的马库勒核电站爆炸，加剧了人们对于发展核电的担忧。去核电行动迅速的是德国，2011 年 5 月 30 日，德国联邦环境部长罗特根（Norbert Roettgen）宣布，德国将在 2022 年底前终止其境内所有核电站的运行。2021 年德国境内核电站仅剩 6 座，预计最迟在 2022 年全部关闭。

4.2 山东省能源消耗现状分析

山东省是我国典型的能耗大省,能源消耗多年位居全国第一。地区 GDP 快速增长伴随能源大量消耗,山东能源对经济发展的支撑严重不足。

4.2.1 能源消耗总量大,增速快

山东省能耗总量大,增速较快。山东省能源消费经历多年持续快速的增长(见图4-4)。1990 年山东省能源总消耗 6830 万吨标准煤,位居全国第二,仅次于辽宁省消耗总量(7856 万吨标准煤)。2000 年以后数据显示,山东能源消耗总量一直位居全国第一。2016 年以来能源消费已超过 4 亿吨标准煤,2019 年消费量达 41390 万吨标准煤,比 2018 年增长 1.99%,是 2000 年消耗量的 4.15 倍;山东煤炭、焦炭消费量居高不下,2019 年分别消费 43132.99 万吨煤炭和 3619.44 万吨焦炭,煤炭消费量仅少于内蒙古,位居全国第二,焦炭消费量少于河北和江苏,位列全国第三。

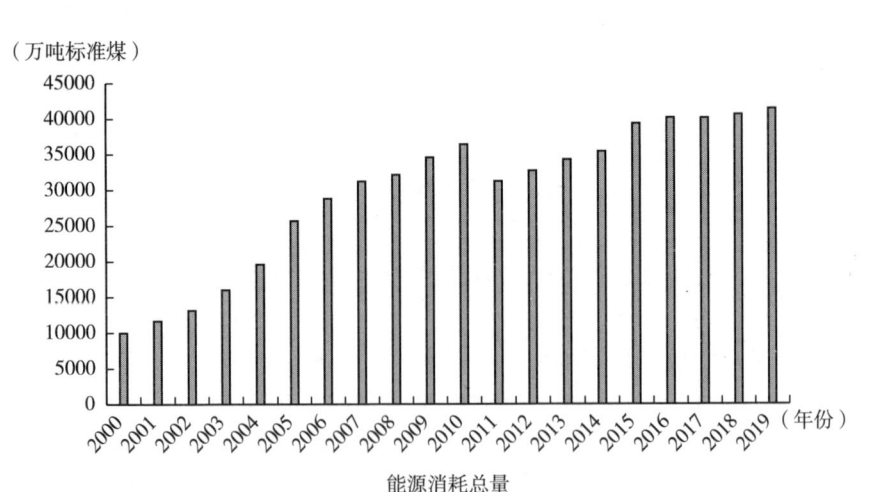

图 4-4 山东省历年能源消耗总量

资料来源:历年《山东统计年鉴》。

4.2.2 消费总量超过生产总量，能源缺口越来越大

能源缺口越来越大。2000年，山东能源消费总量在经过多年持续、快速增长之后，超过生产总量328.36万吨标准煤（见图4-5）。2019年，山东全社会能源消费达41390万吨标准煤，是生产总量的3.3倍，能源缺口高达28851万吨标准煤。山东这个曾经的能源大省越来越体会到能源紧缺的窘迫。目前，山东能源形势，基本上是油品外运、原煤内调，对外部煤炭资源的依赖性逐年提高。

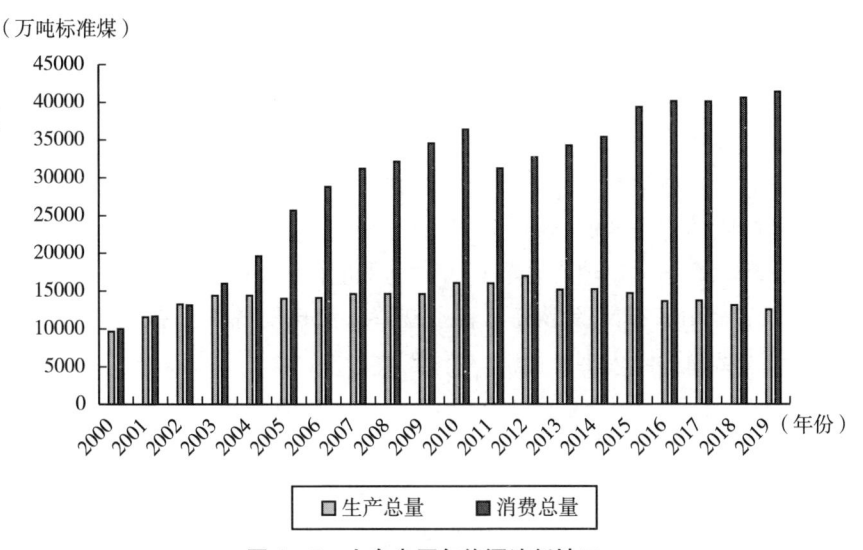

图4-5 山东省历年能源消耗缺口

资料来源：历年《山东统计年鉴》《中国能源统计年鉴》。

以原煤和原油为例。如图4-6所示，2019年原煤消费量为43133万吨，总量居全国第一。与此同时，由于能源地质储量不足，资源开采企业正在面临资源枯竭的困扰，同期本地区原煤生产量远远满足不了需要。2019年，全省原煤的生产量为11918.1万吨，原煤缺口主要依靠外省调入或者进口。

(万吨标准煤)

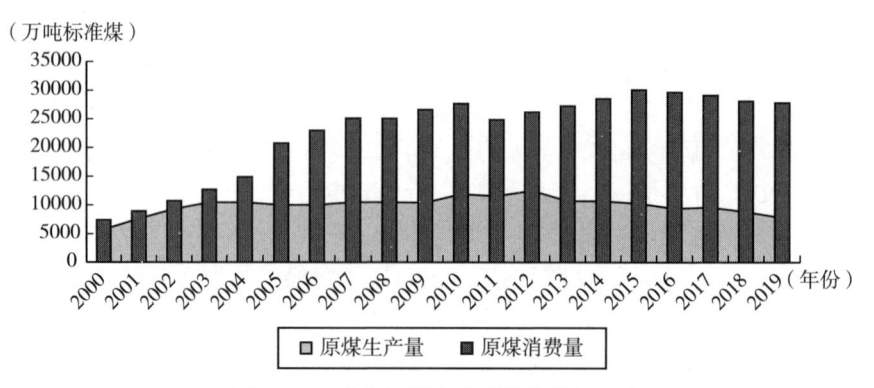

图4-6 山东省原煤生产量和消费量对比

资料来源：2000~2019年《山东统计年鉴》《中国能源统计年鉴》。

山东省曾经是石油生产大省和主要的石油输出省份之一，但近几年，山东石油生产量已经不能满足本省需要（见图4-7）。石油自给率不断降低，对外依存度越来越高。2019年，山东省进口原油9389.3万吨，进口原油支出3057.5亿元，同比分别增长20.2%、13.4%，再创历史新高，原油进口值占全省进口的比重也自2015年的4.9%一路攀升至32.9%。山东省能源形势不容乐观，以消耗能源作支撑的高碳经济增长模式已经难以为继。

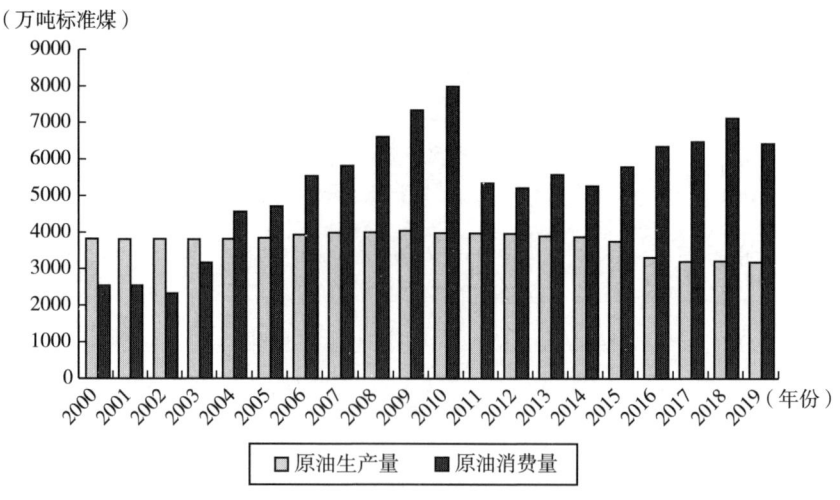

图4-7 山东省原油生产量和消费量

资料来源：历年《山东统计年鉴》《中国能源统计年鉴》。

4.2.3 能源消费以煤炭为主,可再生能源比重低

煤炭是碳排放最主要的来源,碳密度远高于天然气和石油。能源统计年鉴数据显示,2019年我国煤炭消费量占能源消费总量的57.7%,而山东省煤炭消费占比高达67.3%。而且2019年山东煤炭消费量不降反增,未达到"十三五"煤炭消费减量目标进度要求,碳达峰、碳中和行动面临巨大挑战(见图4-8)。

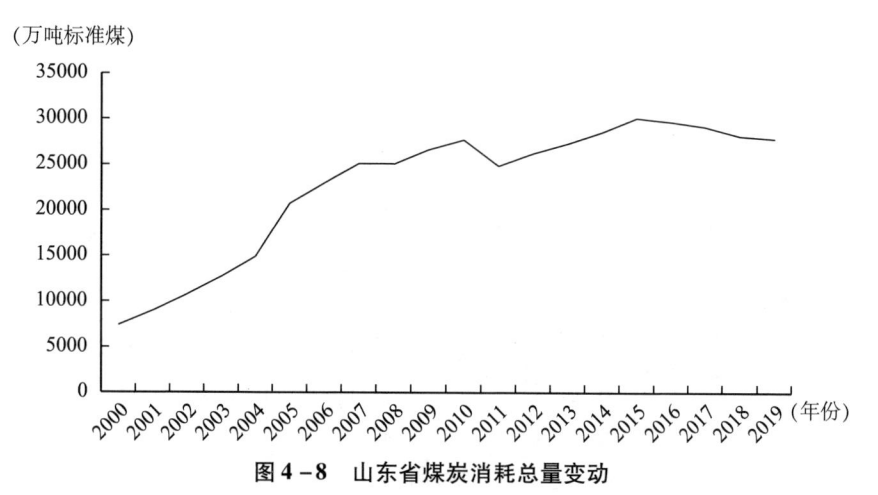

(万吨标准煤)

图4-8 山东省煤炭消耗总量变动

资料来源:历年《山东统计年鉴》《中国能源统计年鉴》。

山东省一次能源以煤炭为主,如图4-9所示,历年原煤消耗量都达到78%以上,2002年原煤消费甚至达到82%,清洁能源消费比重虽逐年增加,但仍远低于全国平均水平。2020年全国水电、核电、风电等清洁能源消费量占能源消费总量的24.3%,比上年提高1%。而山东省能源消费仍旧以煤炭消费为主,碳排放量位居全国第一,二氧化硫排放量和氮氧化物排放量分别位居全国第一和第二。

终端能源消费虽仍以原煤为主,但各种能源消费比例变动不大(见图4-10)。

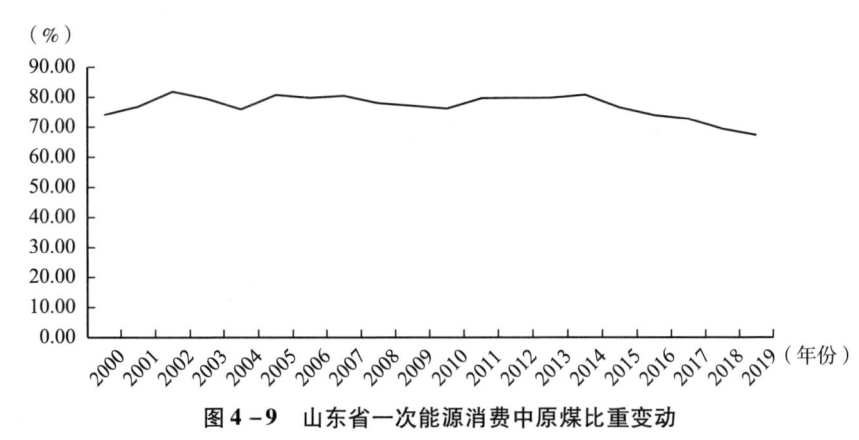

图 4-9　山东省一次能源消费中原煤比重变动

资料来源：历年《山东统计年鉴》《中国能源统计年鉴》。

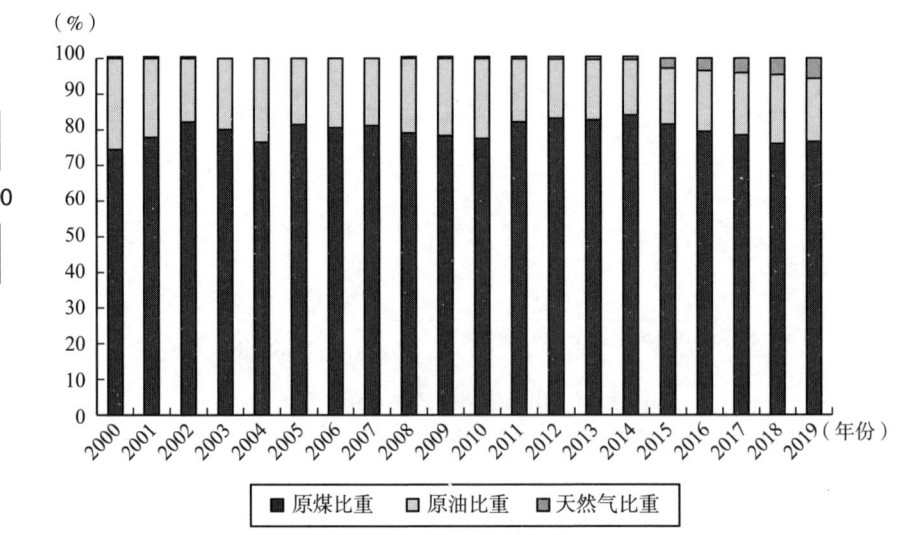

图 4-10　山东省终端能源消费构成变动

资料来源：历年《山东统计年鉴》《中国能源统计年鉴》。

《综合能耗计算通则》和《省级温室气体清单编制指南》指出，每燃烧一吨煤炭会产生 4.12 吨的二氧化碳气体，分别比石油和天然气每吨多排放二氧化碳气体 30% 和 70%。因此，山东省能源消费结构决定了其二氧化碳减排任务相当艰巨。

4.2.4 能源产出效益低，与先进省份差距大

近几年，山东能源产出效益有所提高。2016年单位GDP能耗比2015年降低5%，2017年比2016年降幅更是高达6.91%，2018年和2019年降幅有所收窄，分别为4.8%和3.27%。但山东的单位综合能耗GDP产出仍旧偏低。2019年，山东省单位综合能耗GDP产出1.72万元，是浙江的76%、江苏的69%、广东的60%，说明能源产出效益低（见图4-11）。

（万元/吨标准煤）

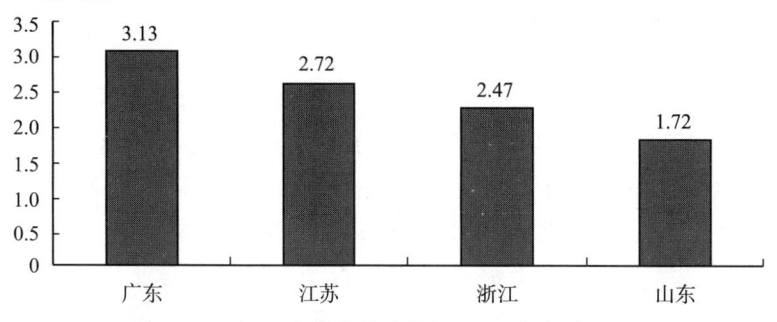

广东	江苏	浙江	山东
3.13	2.72	2.47	1.72

图4-11　2019年单位综合能耗GDP产出对比

资料来源：2009年《广东统计年鉴》《江苏统计年鉴》《浙江统计年鉴》《山东统计年鉴》。

从单位综合能耗财政收入角度看，山东能源产出效益与其他省份比较差距更大，位居全国第20，仅为广东的40%、浙江的56%、江苏的61%（见表4-1）。

表4-1　　　　2019年单位综合能耗财政收入对比

省份	单位综合能耗财政收入（单位：万元/吨标准煤）
江苏省	0.26
浙江省	0.28
广东省	0.39
山东省	0.16

资料来源：2020年《四省统计年鉴》以及四地税国税局。

山东省区域内能耗强度存在较大差异。根据山东省16市规模以上工业万元GDP能耗统计数据可以看出，淄博、枣庄、聊城、东营等市的万元GDP能耗远远超出全省平均水平，其中，淄博2019年规模以上工业万元增加值能耗甚至增长了4.19%。将各市万元GDP能耗与人均GDP对比，发现人均GDP越高的城市万元GDP能耗越低，青岛、济南等市万元GDP能耗要低于其他市。

对山东省重点行业的典型单品能耗指标进行对比分析，发现化工、煤炭开采及洗选、造纸等行业能效水平与国际先进水平存在较大差距，纺织、建材、电力、钢铁等行业与国际先进水平差距较小，但仍有提升的空间。

4.2.5 低碳能源储量丰富，开发潜力大

山东省是中国风能资源最丰富的地区之一。山东省风能资源总量约6700万千瓦，主要集中在半岛沿岸地区、海岛和山区海拔较高的平坦区域。山东省海上风能储量比陆地大，风速高，静风期少，风电效率更高。山东省拥有3100千米海岸线，占了全国约1/6，近海风能资源开发潜力巨大，沿海岛屿有几百个，风能密度大，年平均风速高，是我国风能丰富区之一。1985年第一台风电机组在荣成市马兰湾建成，标志着山东省探索风能源开发利用的开始。随着国家和各级政府对发展新能源的日益重视，从2006年开始，华能、鲁能、华电、大唐和国华等大型电力公司积极投入到山东省的风电建设中，山东风电产业出现了迅速增长的态势。根据新华网《山东省打造风能资源开发特色气象服务》一文中的内容，全省以风能为主的可再生能源如能达到国家规划的占能源消耗15%的目标，每年即可节约煤炭近1000万吨，经济效益非常可观，环境效益不可估量。山东省气象局先后开展了风能资源调查、区划、预测评估、风力发电规划和风能资源开发利用发展布局评估研究等工作。评价报告显示，山东省风能资源丰富，风能资源总储量约为6700万千瓦。在此基础上估算，全省可开发的风电场有38座。其中，烟台可开发13座，威海、潍坊、滨州、东营、青岛、日照均能建设风电站。2019年山东风力发电量达224.99亿千瓦时，位列全国第六。

太阳能资源丰富也是山东省的优势。《山东省人民政府办公厅转

发省发展改革委关于扶持光伏发电加快发展的意见的通知》表明，山东省太阳能资源理论总储量在全国排第17，属于太阳能利用条件较好地区。全省近2/3的面积年日照时数在2200小时以上，年太阳辐射总量大于每平方米5000兆焦，太阳能年总辐射值相当于731亿吨标准煤。由于我国90%以上的太阳能电池原料依靠进口，因此价格高昂，使太阳能发电的成本很难下降。新建太阳能发电厂占地面积广，山东省人多地少的省情也不允许大规模建设太阳能发电厂，但可以适时开展城市建筑物屋顶并网太阳能光伏发电示范工程，逐步推广到各类工业、商业和民用建筑。《山东省能源中长期发展规划》数据显示，"十二五"期间，山东新能源发电装机容量达到1115.1万千瓦，其中，光伏装机容量达到132.7万千瓦。山东省太阳能优势企业集中，太阳能企业在国内实力雄厚，竞争力比较强，一直是我国太阳能产业的风向标之一。根据国家能源局统计数据，2019年山东太阳能发电量166.90亿千瓦时，位列全国第二位仅次于河北省（176.31亿千瓦时）。

山东省生物质能也比较丰富。丰富的农作物秸秆、薪材和禽畜粪便，使山东省在发展生物质能源利用上具有较高的资源优势。因此，生物质能利用项目在山东大地上如雨后春笋般出现。菏泽市的国能单县生物发电有限公司作为我国第一个生物质发电示范项目，自2006年12月1日正式投产以来，截至2009年10月底，已累计发电6亿千瓦时，累计消耗农林剩余物80多万吨，累计为当地农民增收2亿元以上，累计替代标煤40多万吨，累计减排二氧化碳50万吨以上。在烟台，总装机容量3兆瓦的沼气发电项目正式运营，日可消耗300吨鸡粪及500吨废水。另外，冠县、高唐、垦利、博兴、泰安、青岛都有生物质能利用项目建成。

另外，核能、潮汐能也逐步开发起来。2009年12月28日，作为推进我国第三代核电技术自主化的重要依托工程的山东海阳核电站一期举行开工仪式，年发电量达到175亿千瓦时，可极大缓解山东省的电力紧张局势并改善电源结构。山东荣成石岛湾核电站是全球首座、并具有我国自主知识产权的球床模块式高温气冷堆核电站示范工程，于2017年底竣工。2019年，全省核能发电量207.20亿千瓦时。

4.3 山东省碳排放现状分析

二氧化碳排放量是评价一个国家或地区低碳经济发展现状的基础性数据。通过有关二氧化碳排放量的计算，可以判断碳排放的规模、强度及主要影响因素，为进一步发展低碳经济提供理论依据。

4.3.1 碳排放量估算

碳排放量的估算需要明确几个问题。首先，由于人为活动产生的碳排放主要源自碳基化石能源的燃烧，根据2007年IPCC第四次评估报告，化石燃料燃烧所导致的碳排放量占全部碳排放量的将近95.3%（不包括森林采伐及生物量减少所造成的碳排放增加）。因此，本部分计算的是化石能源消费导致的碳排放量。其次，此处化石能源的消费是指全社会消费的总量，涵盖农业、工业、建筑业、第三产业以及居民生活等方面的能源消费，这些能源包括原煤和原油及其制品、天然气、电力，不包括低热值燃料、生物质能和太阳能等的利用。

碳排放量采用以下公式进行估算：

$$CO_2 = 44/12 \sum E_i \times \frac{C_i}{E_i}$$

其中，CO_2为碳排放量；C_i为第i类能源的碳排放量；E_i是以标准煤为计量单位的第i类能源的消费量；C_i/E_i为第i类能源的碳排放系数，即单位该类能源消费量所产生的碳排放。碳排放系数采用国家发展和改革委员会能源所公布的系数，即煤炭、石油和天然气的消耗碳排放系数分别为0.7476t（C）/t标准煤、0.5825t（C）/t标准煤和0.4435t（C）/t标准煤。其中人口总数除1990年和2000年为人口普查数外，其他年份为人口抽样调查数，GDP为以1990年为基期的不变价GDP。

4.3.2 碳排放特点

1. 碳排放总量持续增长

山东省碳排放总量如表4-2所示。

表 4-2　　　　　　　　　　山东省碳排放总量

年份	碳排放总量（万吨）	人口数量（万）	人均碳排放量（吨）	GDP 总量（亿元）	万元 GDP 碳排放量（吨）
2000	24239	8997	2.69	8337.5	2.91
2001	28217	9041	3.12	9195.0	3.07
2002	32194	9082	3.54	10275.5	3.13
2003	39529	9125	4.33	12078.2	3.27
2004	48235	9180	5.25	15021.8	3.21
2005	61992	9248	6.70	18366.9	3.38
2006	69713	9309	7.49	21900.2	3.18
2007	72198	9367	7.71	25776.9	2.80
2008	79114	9417	8.40	30933.8	2.56
2009	83897	9470	8.86	33896.7	2.48
2010	88628	9588	9.24	39169.9	2.26
2011	93276	9665	9.65	45361.9	2.06
2012	96265	9708	9.92	50013.2	1.92
2013	89730	9746	9.21	54684.3	1.64
2014	94973	9808	9.68	59426.6	1.60
2015	100787	9866	10.22	63002.3	1.60
2016	104977	9973	10.53	67008.2	1.57
2017	105734	10033	10.54	72678.2	1.45

资料来源：根据历年《山东统计年鉴》数据计算。

很长一段时间以来，山东省碳排放总量在全国属于最多的。随着经济社会的发展，碳排放量还一直持续增长（见图 4-12）。2000 年，碳排放量为 24239 万吨，至 2017 年碳排放量达 105734 万吨，2017 年的碳排放量是 2000 年的 4.36 倍。

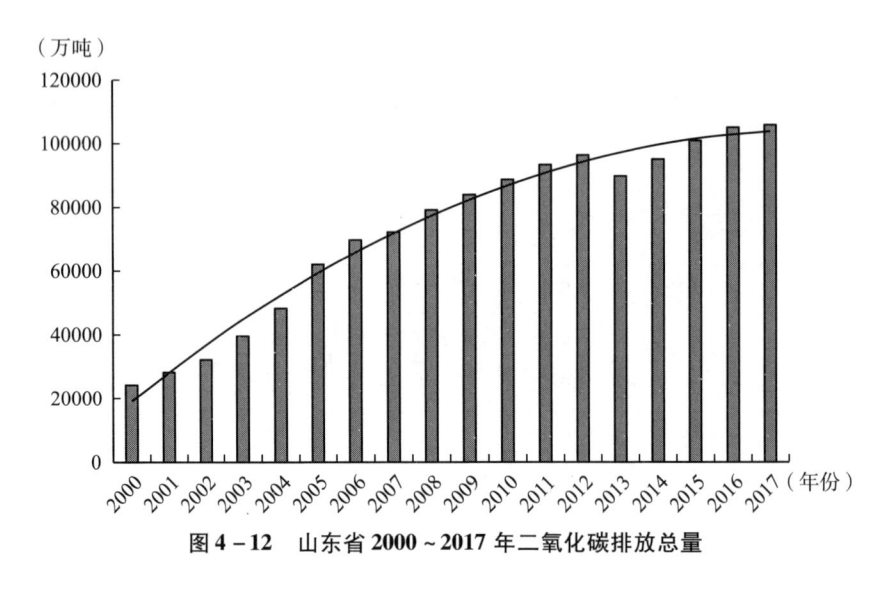

图 4-12 山东省 2000~2017 年二氧化碳排放总量

如图 4-12 所示，碳排放总量先后经历快速增长和增速放缓两个阶段。2000~2012 年碳排放量增长速度较快，碳排放量从 24239 万吨增长至 93276 万吨，年均增长速度为 10.9%。但自 2013 年开始碳排放量增速放缓，由 89730 万吨增长至 2017 年的 105734 万吨，年均增长速度达到 3.2%。碳排量变化显示，山东省碳排放量增速在放缓，但仍旧处于环境库兹涅茨倒 U 形曲线左侧的上升阶段。

与国内其他省份比较，山东省碳排放总量名列前茅。由于不同研究者排放因子选择的差异及计算公式的不同，如彭觅、查冬兰及杨晓婷在论文中都曾估算过山东省的碳排放量数据，虽然他们对山东省碳排放量估算结果出现不小的差异，但研究结果都显示山东省碳排放总量位列全国第一。

2. 人均碳排放量持续增长

伴随城市化、工业化的快速发展以及人民生活水平的提高，山东省人均碳排放量基本保持增长势头。2000 年人均碳排放仅为 2.69 吨，至 2017 年这一数值已经高达 10.54 吨，年增长速度为 7.9%（见图 4-13）。2000~2006 年人均碳排放量增速很快，由 2.69 吨增为 7.49 吨，年均增长速度 15.7%。但自 2007 年始，人均碳排放量增速放缓，年均增长速度 2.8%。这说明，在节能减排和"双碳目标"约束下，山东省能源结构和产业结构调整有较快进展，人均碳排放量增速随之放缓。

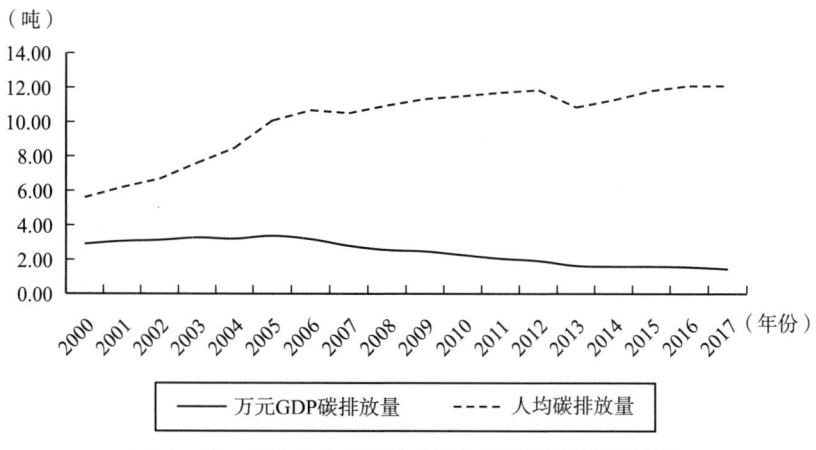

图 4-13 山东省人均碳排放量和万元 GDP 碳排放量

3. 碳排放强度逐年下降

从碳排放趋势看，全省二氧化碳排放总量持续增长，但单位 GDP 二氧化碳排放量逐年下降。2000 年每万元 GDP 碳排放量为 2.91 吨，到 2017 年时该数值降为 1.45 吨，年均减少 3.9%（见前文表 4-2）。碳排放强度的降低，主要归功于多年来节能减排政策的严格执行和新旧动能转换的推进。

4.3.3 碳排放与工业能耗

工业是山东省能耗最大部门和二氧化碳排放的主要来源。在历年的能源消耗统计中，工业能耗是最多的。如图 4-14 所示，2015 年，全省能源消耗 39331.6 万吨，其中工业能耗为 31041.5 万吨，占比高达 78.9%。2016 年，工业能耗占比降为 78.5%，此后，工业能耗占比不断下降，至 2019 年降为 75.6%。工业能耗占比虽然有所降低，但总量仍旧惊人，2019 年工业能耗总量仍高达 31293.7 万吨标准煤。

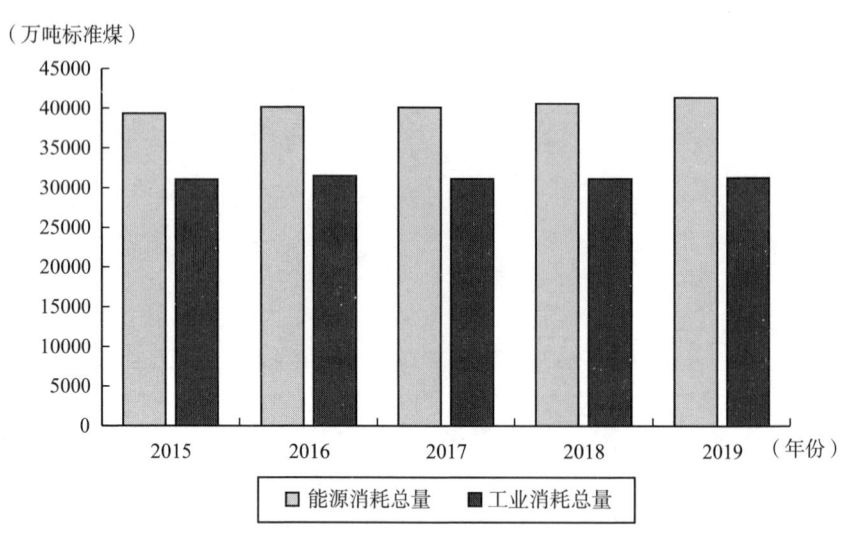

图 4-14　2015~2019 年山东省工业能源消耗情况

五大高耗能行业是工业碳排放的重要来源。从分行业能耗情况看，电力热力的生产和供应业、黑色金属冶炼及压延加工业、化学原料及化学制品制造业、非金属矿物制品业、石油加工炼焦及核燃料加工业等行业的综合能耗位居前列，五大高能耗行业占到工业综合总能耗的 66.1%。从分行业碳排放情况看，五大高耗能行业依然是二氧化碳高排放行业，排放量之和占到工业行业碳排放总量的 86.4%。

部分支柱产业碳排放强度高，低碳型产业经济贡献总体不高。将增加值贡献较大的 15 个工业行业经济贡献与能耗水平、碳排放强度进行比较分析。结果显示，化学原料及化学制品制造业、非金属矿物制品业、黑色金属冶炼及压延加工业对经济的贡献较高，但单位工业增加值的能耗与二氧化碳排放量也较高，说明山东省的支柱产业的"双高"特征明显；此外，石油加工、炼焦及核燃料加工业，电力、热力的生产和供应业，这两个能源部门对工业经济增长的贡献不大，但是碳排放强度很高。

对比各行业的工业增加值比重与碳排放比重，可以看出，电力热力的生产和供应业的碳排放贡献与其经济贡献形成明显反差；此外，碳排放份额较低的专用设备制造业、通信设备、计算机及其他电子设备制造业、交通运输设备制造业等装备制造业的经济贡献尚不大。

4.3.4 碳排放与建筑能耗

建筑耗能是城市能耗的重要领域之一，此处的建筑能耗主要指建筑物照明、采暖、空调和各类建筑内使用电器的能耗，即伴随建筑使用过程而发生的能耗；建筑碳排放是指由电力、热力等能源消耗间接产生的二氧化碳排放，其直接碳排放源为电力、热力生产部门。

由 2020 年《山东统计年鉴》能源平衡表得到，山东省住宅建筑总能耗 568.61 万吨标准煤，其中城镇住宅建筑能耗占到总量的 64.7%，农村住宅建筑能耗占 35.3%。城镇集中供热量 194.37 万吨标准煤，集中供热面积 31979.0 万平方米，计算单位面积供热耗能 0.0061 吨标准煤/平方米，集中供热率为 28.7%。假定农村住宅建筑单位面积供热量与城镇相同，计算农村集中供热率为 1.06%。

公共建筑能耗比较大，由《山东统计年鉴》能源平衡表得到，公共建筑总能耗 424.22 万吨标准煤，其中其他服务业的能耗比重最大为 53.8%。公共建筑集中供热量 183.70 万吨标准煤，集中供热面积 9493.3 万平方米，单位面积供热耗能 0.019 吨标准煤/平方米，集中供热率为 15.56%。

将住宅建筑与公共建筑的能耗相加，即得到建筑总能耗 992.83 万吨标准煤（当量值），占终端总能耗的 4.6%。从建筑能耗的构成看，住宅建筑能耗占到总能耗的 57.27%，高于公共建筑；从建筑的电、热消耗看，建筑电力消耗占到总能耗的 60.67%，该结果可能与未将居民私自燃煤取暖纳入建筑热力耗能中有关。

4.3.5 碳排放与三产及生活

交通运输是碳排放的重要来源。交通运输一般包括海、陆、空三种运输途径，鉴于数据的可得性与碳排放的区域性，本书重点对公路交通运输的燃料消耗与碳排放进行分析。

根据 2020 年《山东省统计年鉴》中的能源平衡表，2019 年山东省交通运输、仓储和邮政总能耗 2381.8 万吨标准煤，占终端能源消费总量的 5.75%，碳排放占全省排放总量的 4.8%。其中公路运输占交通能源消费总量的89.5%、海空运输占交通能源消耗总量的5.6%、私家车出行占4.7%（见表4-3）。

表4-3　　2019年第三产业和居民生活燃油消费量　　单位：万吨标准煤

行业能耗	2015年	2016年	2017年	2018年	2019年
交通运输仓储和邮政业能耗	2036.8	2068.2	2124.2	2188.3	2381.8
批发零售和住宿餐饮业	830.8	854.4	882.2	928.2	986.7
其他行业	1128.2	1175.6	1268.0	1353.6	1454.4
生活消费	3350.7	3585.3	3714.2	3976.7	4129.4

资料来源：2020年《山东统计年鉴》。

鉴于碳排放的区域性，本书中交通碳排放不计算由海空运输能源消耗产生的二氧化碳排放，即仅计算由公路运输和私家车出行产生的碳排放。根据交通运输中不同能源消耗总量以及各种能源因子进行计算，大体得到交通运输碳排放总量为3667.96万吨，占全省二氧化碳排放总量的4.76%。

公路运输是交通碳排放的主要来源，私家车二氧化碳排放量相对较低，从交通运输碳排放的构成来看，公路交通运输是碳排放的主要来源，排放比重达到95.1%；居民生活交通碳排放所占份额很小，仅为4.9%。

4.3.6　碳排放区域差异分析

国内外学者研究发现，夜间灯光数据可以表征出人口规模、城市发展水平、能源和电力消耗、战争以及人类社会经济活动的动态时空演变过程，弥补由于统计资料缺失或不足、统计口径不一致从而无法横向比较的缺陷。埃尔维奇等（Elvidge et al.）早在2001年就基于夜间灯光亮度与碳排放量之间存在的关系进行了模拟和评估，为相关研究提供了理论基础。基于此，本书通过计算2000~2017年山东省碳排放总量，结合夜间灯光影像总量度值，测算出山东省各地市在研究时限内的碳排放量。

空间技术的不断发展，为人类探测地表变化、洞悉人类活动规律提供了重要的手段。目前，夜间灯光数据的来源主要有三个。一个是 2018 年武汉大学发射的珞珈一号采集到的影像数据，另外两个是美国国防气象卫星（DMSP）和极轨卫星（Suomi – NPP）采集的影像数据。作为全球唯一的专业夜间遥感卫星，珞珈一号具有空间分辨率高，获取方便等特点，但由于发射时间较晚，系列影像获取不足，因此目前只在近期研究中有所应用。DMSP/OLS（1992～2013 年）和 NPP/VIIRS（2012 年至今）影像数据具有周期长、连续性好的特点，为众多的研究者和相关爱好者广泛使用。

1. 资料来源

基于本书的研究时限，影像数据采用美国 DMSP/OLS（Version 4）2000～2013 年共 22 期年度平均稳定无云的夜间可见光影像和 NPP/VIIRS 2012～2017 年共 6 期年度无云稳定夜间可见光影像数据。资料源自美国科罗拉多矿业大学（https://cires.colorado.edu/）环境科学研究合作研究院（CIRES, Cooperative Institute for Research in Environmental Sciences）。矢量数据源自国家基础地理信息中心（http://www.ngcc.cn/ngcc/）的全国 1∶100 万基础地理数据库。相关碳排放数据源自国家统计局（http://www.stats.gov.cn/）网站。

2. 数据处理

由于 NPP/VIIRS 影像存在饱和以及无辐射定标数据且传感器参数不一致等情况，需要对该数据进行饱和校正以及连续校正。本书采用埃尔维奇等（Elvidge，2001）提出的不变目标区域法进行相互校正，并采用其提供的二次多项式参数进行年度间连续校正。对国家基础地理数据进行数据融合，提取出山东省省域范围以及各地级市的范围界限。利用提取的矢量边界数据提取经过投影转换的研究范围 DMSP/OLS 和 NPP/VIIRS 的影像，统一投影坐标为 CGCS2000_3_Degree_GK_Zone_39。

具体处理流程如图 4 – 15 所示。

相关性分析。为了避免 DMSP/OLS 和 NPP/VIIRS 两种影像之间由于像元 DN 之间的不可比性，分阶段（DMSP/OLS 于 2000～2013 年，NPP/VIIRS 于 2012～2017 年）对于总灯光亮度值和碳排放总量进行拟合。灯光亮度值计算公式如下：

$$TDN = \sum_i DN_i \times C_i$$

式中，DN_i 为影像中 i 像元的 DN 值，C_i 为影像中 i 像元的数量。

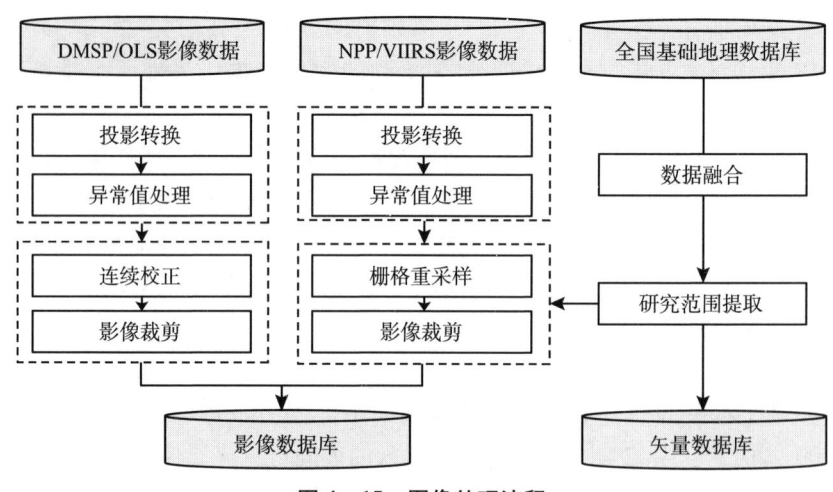

```
┌─────────────────────┐  ┌─────────────────────┐  ┌─────────────────────┐
│ DMSP/OLS 影像数据    │  │ NPP/VIIRS 影像数据   │  │  全国基础地理数据库   │
└──────────┬──────────┘  └──────────┬──────────┘  └──────────┬──────────┘
           │                        │                        │
      ┌────▼────┐              ┌────▼────┐              ┌────▼────┐
      │ 投影转换 │              │ 投影转换 │              │ 数据融合 │
      ├─────────┤              ├─────────┤              └────┬────┘
      │异常值处理│              │异常值处理│                   │
      ├─────────┤              ├─────────┤              ┌────▼────┐
      │ 连续校正 │              │栅格重采样│◀─────────────│研究范围提取│
      ├─────────┤              ├─────────┤              └─────────┘
      │ 影像裁剪 │              │ 影像裁剪 │
      └────┬────┘              └────┬────┘
           │                        │
      ┌────▼────────────────────────▼────┐         ┌──────────────┐
      │         影像数据库                │         │  矢量数据库   │
      └──────────────────────────────────┘         └──────────────┘
```

图 4-15　图像处理流程

拟合结果如表 4-4 所示。

表 4-4　　　　　　　　　影像数据拟合结果

项目	DMSP/OLS 影像数据 拟合公式	R^2	NPP/VIIRS 影像数据 拟合公式	R^2
线性	$y = 0.0641x - 80161$	0.8067	$y = 0.0255x + 71289$	0.6348
二次多项式	$y = -3E-08x^2 + 0.2105x - 239768$	0.8328	$y = 3E-08x^2 - 0.0495x + 11082$	0.6750
指数	$y = 3991.2e^{1E-06x}$	0.8057	$y = 74719e^{3E-07x}$	0.6209
幂	$y = 8E-13x^{2.6591}$	0.8353	$y = 2524.1x^{0.2641}$	0.5839
对数	$y = 141914\ln(x) - 2E+06$	0.8225	$y = 26167\ln(x) - 264381$	0.5970

利用 ArcGIS 软件，分别提取山东省各地市总像元亮度值，依据 R^2 值的大小，对于 DMSP/OLS 影像，选取幂函数（2000~2013 年），NPP/VIIRS 影像选取二次多项式（2014~2017 年），计算 2000~2017 年各地市碳排放总量，结果如表 4-5 所示。

2017 年山东省各地市碳排放量空间分布按照自然间断点分类法分为 5 类。

第4章 区域低碳经济发展基础及条件分析：山东省为例

表4-5 2000~2017年16市碳排放量

单位：吨

城市	2000年	2001年	2002年	2003年	2004年	2005年	2006年	2007年	2008年	2009年	2010年	2011年	2012年	2013年	2014年	2015年	2016年	2017年
济南	20493668	23280977	26405037	32828282	39223845	53620096	60181113	60288258	67674753	71555875	72133300	75542857	77596239	68263926	91163974	94877958	98756381	99775189
青岛	24753874	29080167	33121685	43219785	50260667	64415159	72547642	72695021	78475957	80174359	80167901	85008768	90760269	81011483	142229769	152629393	160305571	154682335
淄博	12898968	15990959	18183220	23900535	28089631	37606518	41430165	40422385	40704744	43126224	45159331	45942532	47511654	42420211	49182992	50197658	51183168	49881760
枣庄	7384443	8074504	9554496	11756522	15422323	21437626	23059425	24475703	27433744	28187480	31139708	32799112	30735295	28746453	27105476	28238222	28617147	28565519
东营	12850416	15636148	17021877	23098051	25358610	34484310	36634004	37240287	38593151	38289592	43279429	44939564	48282464	45276179	57117994	59830620	62411479	58976055
烟台	22335636	25979223	28151026	37847544	45532355	58737675	63099613	64197060	69258657	71095526	73290026	82379558	84300045	81602540	93831647	1000076636	102535938	98478773
潍坊	22941159	28017042	31571674	38917866	49832796	66357134	74550432	77178379	82989020	90413938	97658954	99263914	103197637	97087554	89808315	95153475	101728720	103796455
济宁	16903281	18410434	23222144	26568619	32400779	39565366	46410076	49250681	57272107	61163136	65627009	68132965	70072622	66276509	61166699	63811652	64039243	64354153
泰安	11479256	13024690	15170175	17287361	21567552	25567112	30732082	31228775	34709009	36081930	38138645	39032234	39339732	37004360	27477872	29378488	31910886	36267706
威海	9893840	11792869	12293152	16489433	19830104	27285268	31015103	32379263	34363470	34268009	38810616	41473608	42562655	37738713	36716669	39644611	41651317	42818619
日照	6616903	7433933	9141096	11713023	14874346	19638627	21634724	22871835	24410422	26535312	28274242	29189440	32260126	27749998	33328881	35588454	36620942	34938556
临沂	19041226	21364236	25588562	30898728	40857542	53525567	59607719	64528593	67175278	74515098	83435174	86069468	85983354	84502614	78336657	84610301	88673069	94629856
德州	15452390	18652964	20478074	22737655	26640134	34159283	35713678	37864418	44373014	48799560	47828301	51164149	52227184	51586605	31345753	33374381	34087921	36443810
聊城	12654679	14721771	16846092	18221644	21805400	23120643	29814211	31909465	36974406	40010505	39732015	42423605	44735905	42554852	36031823	39656766	41584116	43562620
滨州	12494741	15592047	16632303	20332370	25663089	34799837	36813274	37142165	41461954	43906983	48794565	53022195	55113095	52812046	51776766	55439371	58212451	58331408
菏泽	14195519	15118038	18559388	19472582	22990826	25599781	33886728	38307712	45270314	49003474	52801745	56376033	57971723	52665956	41297118	43544380	45672561	50183721

第5章 区域低碳发展综合评价及类型划分研究：山东省为例

在对区域低碳经济发展条件进行定性分析的基础上，还应该明确该区域低碳发展水平，影响其低碳发展的主要因素以及该区域内低碳发展水平的差异，为低碳发展模式选择提供客观依据。

5.1 区域低碳发展水平评价

明确所在区域的低碳经济发展现状，这样才能充分发挥自身优势选择低碳经济发展模式。通过构建区域低碳经济评价指标体系可以明确该区域低碳发展水平，便于横向比较与其他区域的低碳发展差距，纵向分析该区域由高碳经济向低碳经济转型的努力。因此，区域低碳经济指标体系是评价低碳经济发展的基础，也是综合反映低碳经济发展的依据，构建低碳经济评价指标体系具有极为重要的意义。

目前，国内外对于区域低碳经济水平评价尚处于探索阶段。国外对于低碳经济研究大多侧重于如何科学估算碳排放量，如何发展低碳能源及低碳技术，制定相应的低碳政策等具体领域（周富华等，2011）关于低碳经济水平评价指标体系研究很少，国际社会也未提出衡量区域低碳发展水平的指标体系。国内对于该问题的研究近两年有所增多，出现了诸多有价值的见解及指标分析方法：潘家华等（2010）给各指标设定不同的阈值，以是否达到阈值为衡量标准，构建出低碳产出、低碳消费、低碳资源和低碳政策为维度的指标体系。任福兵等（2010）建立了三层次多指标的低碳评价指标体系，利用Delphi法确定各层次相关指标的权重，综合评价低碳社会的发展水平。鲍健强等（2008）认为发展低碳经济需要调整产业结构、降低对化石能源的依赖、发展低碳工业。同时通过植树造林及生物固碳来扩大碳汇（carbon sink）；李晓燕、邓玲（2010）把低碳城市指标体系分为目标层、准则层、指标层。准则层由经济系统、科技系统、社会系统和环境系统4个部分组成，指标层由27个指标组成。付加锋等（2010）在对低碳经济概念辨识的基础上提出发展阶段、资源禀赋、消费模式和技术水平是低碳经济的核心要素，构建了由5个准则层和14个指标层构成的衡量指标体系。

纵观目前研究成果，研究对象大多集中于低碳城市或省域层面，在准则层选择方面有的基于低碳经济内涵角度，有的基于生产流程角度，权重赋值法大多采用层次分析法、德尔菲法和主成分分析法，综合指数的形成主要是通过线性加权合法。本书在借鉴以上研究基础上，从系统论角度出发，构建了以低碳经济、低碳社会以及低碳资源环境为维度的多层次评价指标体系。在此基础上对山东省低碳发展水平进行了实证分析，具体思路见图5-1。

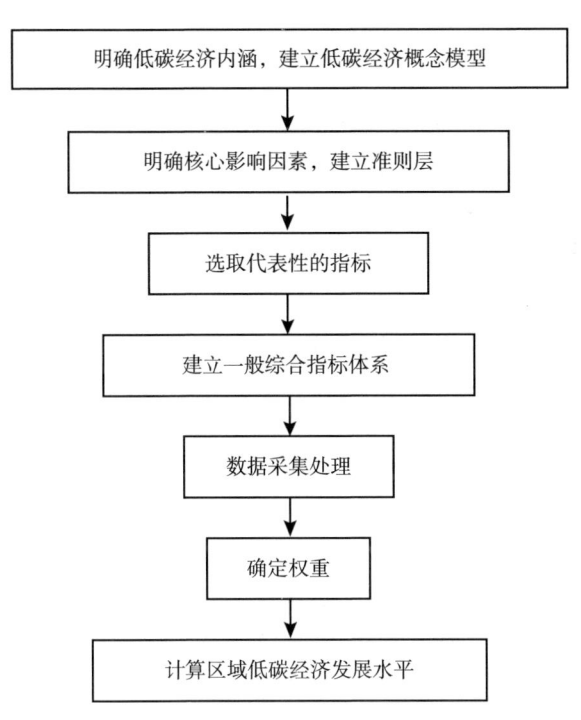

图5-1 区域低碳发展水平评价指标体系构建步骤

5.1.1 区域低碳评价指标体系构建

本书理解的低碳经济是以低能耗、低排放、低污染为特征的经济发展模式，以减少温室气体排放为目标，通过建立以低碳为特征的生产体系、消费模式，技术支撑体系以及有利于减少温室气体排放的政策、法律、管理体系达到减少温室气体的目的。低碳经济内涵主要包括两方面内容。一方面，低碳经济首先强调经济发展。低碳经济是在保证经济可持续发展的前提下，实现低碳排放，其实质就是用低的能源消耗、低的排放和低的污染来保证国民经济和社会的可持续发展。发展是硬道理，尤其在经济发展水平仍然较低的发展中国家，发展是根本前提。低碳经济是在经济发展的同时实现低碳排放，而不是为了低碳目标放弃发展和增长；另一方面，低碳经济水平提高。具体来说，就是提高碳生产率和能源转化效率，实现能源消费模式的低碳化以及提高低碳技术水平。根据上述分析得出，发展低碳经济是一项涉及经济领域、社会领域、生态环境领域以及技术体系等诸多因素的复杂系统工程。

指标体系设计一般应遵循几个基本原则。首先是全面性原则。一套科学的指标体系应该能根据评价目的反映评价对象的各方面状态，如果指标体系不全面则无法对评价对象作出正确判断。其次是科学性原则。指标必须有明确的概念，具有一定的科学含义，能度量和表征评价对象的基本状态和特征。再次是可操作性原则。计算指标应该是容易采集的，便于计算和估算的，否则指标体系无法得到应用。

一般设计指标体系的方法有范围法、目标法、部门法、问题法、因果法以及复合法。本文主要采用范围法和目标法。根据范围法和目标法，设计包含目标层、系统层、指标层在内的区域低碳经济综合评价指标体系。目标层是区域低碳经济发展综合评价，系统层包括经济系统、社会系统及资源环境系统。遵循以上三个基本原则，可以构建以低碳生产指标、低碳社会指标、低碳能源排放及碳汇指标等为维度的多层次评价指标体系（见表5–1）。

表 5-1　区域低碳发展水平评价指标体系

目标层	系统层	指标层	具体指标	指标方向
区域低碳发展综合评价	经济系统	低碳生产指标	第二产业增加值占 GDP 比重	-
			第三产业增加值占 GDP 比重	+
			万元 GDP 碳排放	-
			单位 GDP 能耗	-
			能源消费弹性系数	-
			规模以上工业增加值能耗	-
		低碳消费指标	人均碳排放量	-
			人均生活碳排放量	-
			人均居住面积	-
			每万人拥有公交车数	+
			每百户拥有汽车数	-
			节能建筑占新建建筑比例	+
	社会系统	低碳社会指标	人类发展指数	+
			城市化率	-
			居民低碳理念	+
			环保教育普及率	+
			公众对环境保护满意程度	+
		低碳技术指标	R&D 投入 GDP 比例	+
			万人科技人员数量	+
			工业废水达标率（%）	+
			工业固体废物综合利用率（%）	+
			生活垃圾无害化处理率（%）	+
			环境污染治理投资占 GDP 比重（%）	+
	资源环境系统	低碳资源指标	能源碳排放系数	-
			煤炭占能源消耗比重	-
			零碳能源占能源消耗比重	+
			能源加工转换效率指标	+
		低碳环境指标	森林覆盖率	+
			人均湿地占国土面积比	+
			人均绿地面积	+
			建成区绿地覆盖率	+

5.1.2 主要指标说明及权重确立

1. 主要指标说明

低碳生产指标反映的是生产领域低碳水平。在我国目前发展阶段，碳排放主要源自生产领域，因此，低碳生产指标是衡量区域低碳发展水平的重要指标。生产领域的碳排放主要与经济规模、经济结构、能源结构等因素有关。因此，低碳生产指标选用二、三产业比重以及能源消费弹性系数等表征。其中，能源消费弹性系数是反映能源消费增长速度与国民经济增长速度之间比例关系的指标，它的变动与产业结构、技术装备、生产工艺、能源利用效率等因素密切相关。

低碳消费水平评价主要通过人均碳排放量与人均生活碳排放量衡量。其中人均碳排放量等于碳排放总量除以人口总数，人均生活碳排放量等于生活用碳排放总量除以人口总数。衣、食、住、行的水平和消费选择影响居民的碳排放，因此选择居民人均住房面积、交通状况及建筑能耗作为低碳消费水平的具体指标。

低碳社会水平的衡量主要通过人类发展指数、城市化率、区域低碳规划、居民低碳意识等指标衡量。其中人类发展指数是测量一个国家预期寿命、受教育程度和生活质量方面，根据实证分析，人类发展指数越高低碳发展水平也较高。

低碳技术水平主要是指新能源技术、低碳产品设计技术、高性能电力储备技术、新型动力机车技术以及温室气体捕获封存技术等。此处用 R&D 投入财政支出比例和万人拥有科技人员数量衡量低碳技术发展的财政保障和人才基础。R&D 经费是科技投入经费的核心部分，R&D 经费的结构特征基本上也代表了科技经费的结构特征。因此通常用 R&D 经费的投入来分析科技投入对低碳发展的关系。

低碳资源指标主要衡量区域能源禀赋及利用效率，决定能源碳排放水平的主要是能源结构和能源利用效率。表征能源结构指标选择煤炭占能源消耗的比重、清洁煤占煤能源的比重、零碳能源比重及单位能源碳排放系数。零碳能源是指水能、风能、太阳能、生物质能等商品性可再生能源以及核能。表征能源利用效率的指标主要是能源加工转换效率指标，即二次能源产出量与能源投入量比值。

低碳环境指标主要衡量一个区域碳汇水平。根据数据的可获得性，选取森林覆盖率、人均湿地占国土面积比、建成区绿地覆盖率等指标，其中森林覆盖率，指一个国家或地区森林面积占土地总面积的百分比，是反映森林资源的丰富程度和生态平衡状况的重要指标。

2. 模糊层次分析法确定权重

模糊层次分析法（FAHP）比较符合人们的逻辑思维，度量较为准确，比层次分析法容易。由度量各元素之间的比较关系，就其实质而言，不存在度量不准确的可能性，建立的优先判断矩阵虽然粗糙，但极容易建立，由优先判断矩阵改造而成的模糊矩阵满足一致性条件，无须再进行一致性检验。通过 FAHP 确定各指标对评价目标所起作用的大小，即权重。在实际的操作中使用 excel，应用的具体步骤如下：

第一步，建立判断矩阵（优先矩阵）：

$$f_{ij} = \begin{cases} 1 & c(i) > c(j) \\ 0.5 & c(i) = c(j) \\ 0 & c(i) < c(j) \end{cases}$$

式中，$c(i)$ 和 $c(j)$ 由此分别为标度 f_i、f_j 的相对重要程度。

第二步，将优先关系矩阵 $F = (f_{ij})m \times n$ 采转化成模糊一致矩阵 $Q = (q_{ij})m \times n$，模糊一致性矩阵满足一致性条件，没有必要再进行一致性检验，对 F 做行求和以及行变换：

$$q_i = \sum_{j=1}^{m} f_{ij} \quad i = 1, 2, \cdots, m$$

$$q_{ij} = (q_i - q_j)/2m + 0.5$$

第三步，利用和行归一法得到权重向量，模糊一致矩阵 $Q = (q_{ij})m \times n$，每行元素的和（不包含自身比较）及不含对角线元素的总和：

$$l_i = \sum_{j=1}^{m} q_{ij} - 0.5 \quad i = 1, 2, \cdots, m$$

$$\sum_i l_i = m(m-1)/2$$

由于 l_i 表示指标 i 相对于上层目标的重要性，所以对 l_i 归一化处理即可得到各指标权重：

$$w_i = l_i / \sum_i l_i = 2l_i/m(m-1)$$

第四步，对指标数据进行无量纲化处理，得到指标的标准分。处理数据,对于负指标,首先求倒数,再对所有数据进行 $z_i = \frac{x_i - x_{min}}{x_{max} - x_{min}}$ 处理。

第五步,进行综合指数计算。本文综合指数计算方法采取线性加权和法,该方法是操作简明且含义明确的指标综合计算方法。其计算公式:$C_i = \sum_{i=1}^{n} W(C_i)Z_i$ i = 1,2,3,…,n,其中 W(C_i) 为准则层权重,Z_i 为准则层的综合指数。

5.1.3 山东省低碳发展综合评价实证分析

书中统计数据来自历年《山东统计年鉴》《中国统计年鉴》《山东统计公报》及《环境统计数据》,人类发展指数采用《中国人类发展指数报告》中公布的数值。

人均碳排放量及碳排放强度通过先计算山东省化石能源的碳排放量,进而得到人均排放量和碳排放强度。其中山东省化石能源的碳排放量采用以下公式进行估算:

$$C = \sum C_i = \sum E_i \times \frac{C_i}{E_i}$$

其中,C 为碳排放量;C_i 为第 i 类能源的碳排放量;E_i 是以标准煤为计量单位的第 i 类能源的消费量;C_i/E_i 为第 i 类能源的碳排放系数,即单位该类能源消费量所产生的碳排放。碳排放系数采用国家发展和改革委员会能源所公布的系数,即煤炭、石油和天然气的消耗碳排放系数分别为 0.7476t(C)/t 标准煤、0.5825t(C)/t 标准煤和 0.4435t(C)/t 标准煤。根据上述数据处理方法,对数据进行标准化处理可得到表 5-2。

表 5-2 2015~2019 年山东省低碳发展水平体系标准化数据及权重

指标	2015 年	2016 年	2017 年	2018 年	2019 年	权重
第二产业增加值比重	0.183	0.000	0.368	0.368	1.000	0.117
第三产业增加值比重	0.000	0.240	0.480	0.520	1.000	0.083
万元 GDP 碳排放	0.000	0.081	0.343	0.704	1.000	0.25
单位 GDP 能耗	0.000	0.207	0.432	0.834	1.000	0.217

续表

指标	2015年	2016年	2017年	2018年	2019年	权重
能源消费弹性系数	0.000	0.448	0.665	1.467	1.000	0.183
规模以上工业万元增加值能耗	0.000	0.162	0.347	0.668	1.000	0.15
人均碳排放量	1.000	0.567	0.302	0.177	0.000	0.25
人均生活碳排放量	1.000	0.750	0.529	0.158	0.000	0.217
人均居住面积	1.000	0.431	0.312	0.125	0.000	0.183
每万人拥有的公交数量	0.000	0.679	0.854	1.000	0.649	0.15
每百户拥有汽车数	1.000	0.619	0.277	0.096	0.000	0.117
节能建筑占新建建筑的比例	0.000	0.408	0.612	0.992	1.000	0.083
各年低碳消费指标	0.767	0.592	0.459	0.345	0.180	—
人类发展指数	0.000	0.300	0.450	0.775	1.000	0.3
城市化率	1.000	0.651	0.437	0.201	0.000	0.25
居民低碳理念	0.000	0.333	0.333	0.667	1.000	0.2
环保教育普及率	0.000	0.200	0.333	0.667	1.000	0.15
公众对环境保护满意程度	0.000	0.200	0.400	0.600	1.000	0.1
低碳社会指标	0.250	0.369	0.401	0.576	0.750	—
R&D投入GDP比例	0.000	0.021	0.319	0.745	1.000	0.25
万人科技人员数量	0.000	0.154	0.462	0.769	1.000	0.217
工业废水达标率	0.222	0.000	0.111	1.000	0.667	0.117
工业固体废物综合利用率	0.220	0.171	0.878	0.000	1.000	0.117
生活垃圾无害化处理率	0.000	0.368	0.697	0.656	1.000	0.117
环境污染治理投资占GDP比重	0.545	0.000	0.318	1.000	0.864	0.183
低碳技术指标	0.152	0.102	0.435	0.730	0.937	—
能源碳排放系数	0.000	0.000	0.000	0.697	1.000	0.375
原煤占一次能源消耗比重	0.000	0.245	0.077	0.757	1.000	0.292
零碳能源占能源消耗比重	0.014	0.097	0.000	0.639	1.000	0.208
能源加工转换效率指标	0.000	0.167	0.444	0.583	1.000	0.125

续表

指标	2015年	2016年	2017年	2018年	2019年	权重
森林覆盖率	0.000	0.000	0.000	0.000	1.000	0.375
湿地占国土面积比	0.000	0.000	0.000	1.000	0.000	0.292
人均公园绿地面积	0.000	0.669	0.749	0.873	1.000	0.208
建成区绿地覆盖率	0.000	0.448	0.612	0.791	1.000	0.125

注：本表数据已经过标准化处理。

根据前面的计算过程，可以得出2015~2019年山东省低碳经济指标、低碳社会指标、低碳资源环境指标和总指标值（见表5-3）。

表5-3　　　　　　2015~2019年指标数值及总指标值

指标	2015年	2016年	2017年	2018年	2019年
低碳经济指标	0.146	0.157	0.193	0.266	0.283
低碳社会指标	0.052	0.058	0.112	0.177	0.228
低碳资源环境指标	0.001	0.041	0.0361	0.197	0.276
总指标值	0.198	0.255	0.341	0.640	0.787

山东省低碳经济评价指标由2015年的0.198提高到2019年的0.787，说明该区域低碳经济水平有所提高。其中，低碳经济指标由0.146变化为0.283，低碳社会指标由0.052变化为0.228，低碳资源环境指标由0.001变化为0.276（见表5-3）。三个指标总体变化趋势都是有所提高的，但变化幅度有所不同（见图5-2）。

低碳生产水平不断提升。单位GDP能耗降低是低碳生产水平提升的主要原因。2015~2019年，山东省每万元GDP能耗由0.711吨标准煤降为2019年的0.582吨标准煤。产业结构调整也发挥了一定作用，第二产业增加值比重由44.9降低为39.8，第三产业增加值比重由46.2增加至53。但与先进省市相比，山东省第三产业比重仍相对较低，仍需继续加大调整产业结构的力度。能源消费弹性系数由2015年的0.50降为0.37，反映山东省经济增长对能源的依赖性有所降低。

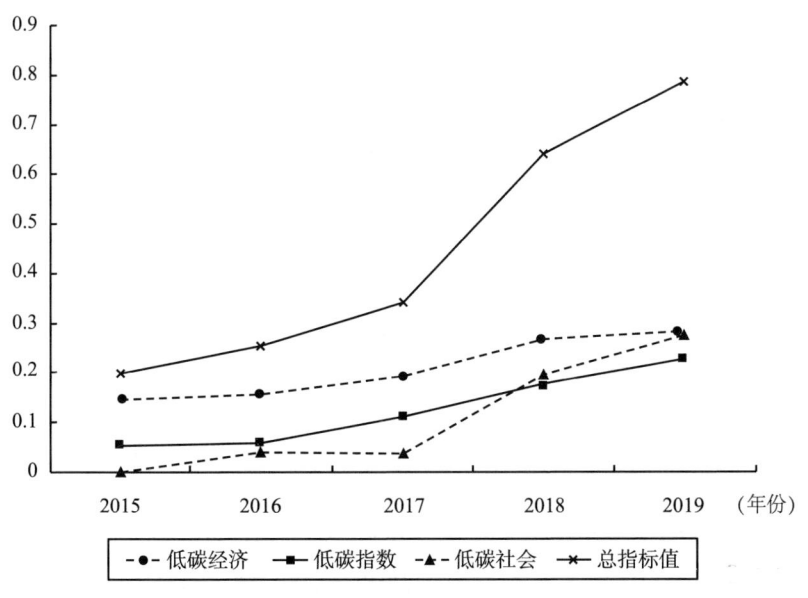

图 5-2　山东省 2015~2019 年指标数值

低碳消费指标下降。虽然每万人拥有的公交车数量和节能建筑占新建建筑的比例等正向指标都有所提高，但人均居住面积和每百户拥有的汽车数负向指标也在增长，总体的低碳消费指标下降。城镇人均住房建筑面积由 2015 年的 36.36 平方米增长为 2019 年的 37.14 平方米，同期农村居民居住面积由 40.91 平方米增长为 43.55 平方米。每百户拥有汽车数由 2015 年的 37.8 辆增长为 2019 年的 51.7 辆。同期，全省常住人口城镇化率由 57.01% 提高到 61.51%。可以预见，随着山东省城市化进程的加快和汽车更多地进入居民家庭，低碳消费指标将继续下降。

低碳技术指标有所提高。根据《2019 年全国科技经费投入统计公报》数据显示，目前，住鲁两院院士 57 人，国家百千万人才工程人选 189 人，享受国务院政府特殊津贴专家 3385 人，省有突出贡献的中青年专家 1416 人，泰山学者 1524 人，齐鲁首席技师 1657 人，高技能人才 316.1 万人。但我们必须清醒地认识到，山东省在技术投入方面和兄弟省份有很大差距，2019 年山东省 R&D 经费支出占 GDP 比重为 2.10%，这一比例不仅低于北京（6.31%）、上海（4.00）、天津（3.28%）、浙江（2.79%）、江苏（2.68%）等省市，甚至与全国 2.23% 的平均水平也有一段差距，低碳技术投入不足是制约低碳经济发展的关键因素。

低碳能源指标有所提升,但能源结构问题仍然突出。山东省能源结构长期依赖煤炭,但近几年消费结构有所改善。煤品在能源消耗中的比重由2015年的76.51%降为2019年的67.28%,全年压减煤炭产能875万吨。零碳能源占能源消耗比重增长缓慢,能源加工效率提升的空间不大。但我们也应预见到,随着太阳能利用的不断推进和沿海核电的投入使用,山东省低碳能源指标将获得较大改善。

碳汇指标有所改善,主要原因是森林覆盖率和人均公园绿地面积不断增加,2019年全省森林覆盖率提高到18.24%,已创建国家森林城市17个,数量居全国第二,国家森林乡村411个。省级森林城市15个,省级森林乡镇、森林村居分别达到158个和1530个。但山东省在碳汇指标方面不容乐观。根据中国统计年鉴数据,2015年山东省林木绿化率达到25.1%,位居全国第22,不仅低于20.36%的全国平均水平,更是和福建(63.10%)、江西(58.32%)、浙江(57.41%)三省差距相当大。

5.1.4 山东省低碳竞争力分析

山东省属人口大省、经济大省,同时也是能源消耗大省和二氧化碳排放大省。与兄弟省份如浙江、广东、江苏等地相比,无论在单位能源产出、平均碳排放系数还是在非化石能源比重及森林覆盖率等指标方面,都显示山东省单位能源产出低,能源结构仍旧倚重以煤为主的化石能源,碳排放系数较高,森林覆盖率低,低碳竞争力有待提高(见表5-4)。

表5-4　　山东省与其他省份以及全国主要低碳指标比较

指标	山东	广东	江苏	浙江	全国
单位碳排放产出(万元/吨碳)	1.40	1.22	1.08	2.39	1.65
单位能源产出(万元/吨标准煤)	1.04	0.79	0.76	1.28	1.05
平均碳排放系数(吨碳/吨标准煤)	0.70	0.65	0.70	0.60	0.64
人均碳排放量(吨碳/人)	2.55	1.92	2.95	1.92	1.37

续表

指标	山东	广东	江苏	浙江	全国
单位工业附加值能耗（吨标准煤/万元）	1.38	1.98	2.43	1.18	2.19
能源消费弹性系数	0.48	0.63	0.56	0.40	0.44
非化石能源比例（%）	0.11	8.23	0.40	15.00	8.90
森林覆盖率（%）	21.4	43.40	38.51	57.41	20.36

资料来源：2020年中国统计年鉴计算整理。

5.2 山东省碳排放影响因素分析

为明确导致山东省低碳竞争力不足的主要原因，接下来本书对影响山东省碳排放的主要因素进行甄别分析，为低碳模式选择提供依据。根据Kaya恒等式，区域碳排放的主要影响因素是人口规模、经济增长、能源强度、能源排放系数等。其实影响碳排放的因素还有很多，本书重点选择经济发展水平、能源结构、产业结构、能源强度、人口规模及对外贸易等因素，逐一分析他们对碳排放的贡献率。

5.2.1 影响因素分析

对二氧化碳排放量的影响因素的分析研究较多，很多研究都是围绕Kaya恒等式展开的。Kaya恒等式是日本的代市卡亚（Yoichi Kaya）于IPCC研讨会上提出的，他认为影响碳排放量的主要是人口规模、经济增长、能源强度和能源排放系数等因素。在此观点基础上进一步研究可知，碳排放的影响因素主要是人口规模、经济发展水平、产业结构、能源结构等，其中在研究期内人口规模变化不太大，不是导致山东省碳排放增长的主要影响因素，因此不予考虑。选用2000~2017年间山东省经济发展水平、能源消费结构等面板数据，测算各变量对低碳经济发展的影响弹性。其中，经济发展水平用人均GDP表示，以2000年为基期进行比较，用国民生产总值构成中第二产业所占比重表示产业结构，用单位GDP能耗表征能源效率，用煤炭所占一次能源消耗总量的比重表征能源消费构成（见表5-5）。

表5-5　　山东省碳排放及影响因素数据统计（2000~2017年）

年份	碳排放（万吨）	人均GDP（元）	产业结构（%）	能源强度（吨/万元）	能源结构（%）
2000	24239	9267.0	50.0	1.72	78.76
2001	28217	9296.5	49.5	1.65	76.87
2002	32194	9317.0	50.5	1.56	81.84
2003	39529	9837.4	53.7	1.47	79.47
2004	48235	10810.5	56.5	1.35	75.98
2005	61992	11652.4	57.0	1.28	80.76
2006	69713	12291.1	57.4	1.23	79.80
2007	72198	12848.3	56.8	1.18	80.47
2008	79114	13980.7	56.8	1.10	77.98
2009	83897	13874.4	55.8	1.07	77.13
2010	88628	14343.7	54.2	1.02	76.17
2011	93276	14886.1	52.9	0.85	76.47
2012	96265	14894.9	52.1	0.83	75.21
2013	89730	14828.7	50.3	0.79	73.82
2014	94973	14758.3	49.1	0.73	75.98
2015	100787	14428.9	47.5	0.67	75.51
2016	104977	14132.9	46.1	0.62	75.43
2017	105734	14197.8	45.3	0.53	70.47

资料来源：根据《山东统计年鉴》2001~2018年计算所得。

5.2.2　各个因素影响碳排放的测算

为分析上述四个主要因素对山东省碳排放增长影响度的大小，可以构建模型为：

$$C = c + a \times RGDP + + b \times MB + c \times CYB + d \times NQ + ar(1) + ar(2) + u_t$$

其中，C为碳排放量，RGDP为人均GDP，MB为能源结构，即煤炭在一次能源消耗总量中的比重，CYB为产业结构，此处指第二产业在生产总值中的比重，NQ为能源强度，a、b、c、d是各变量对碳排放的影响弹性系数，U_t 为随机项。

利用山东省 2000~2017 年间的统计数据进行计算，得到结果为：

$$C = -20864.06 + 1.2674RGDP + 6878.734CYB + 141.016MB$$
$$+ 2351.528NQ + 0.8512AR(1) - 0.6956AR(2)$$

$$\begin{bmatrix}20.849\\0.000\end{bmatrix}\begin{bmatrix}4.583\\0.0008\end{bmatrix}\begin{bmatrix}5.2221\\0.0003\end{bmatrix}\begin{bmatrix}12.7523\\0.0000\end{bmatrix}\begin{bmatrix}4.5829\\0.0008\end{bmatrix}\begin{bmatrix}-4.5716\\0.0008\end{bmatrix}$$

$$R^2 = 0.99897 \quad F = 1781.222 \quad DW = 2.242$$

方程总体的拟合优度为 0.9907，可知方程总体拟合效果较好，表明各因素的变动能较好地解释碳排放的变动；而且，回归方程 F 值和各检验参数的 Sig 值均小于 0.05，通过了 F 检验和 t 检验。因此回归方程的结果具有统计意义。

根据方程中各影响因素的影响系数可以看出，对山东省碳排放变动影响最大的因素是产业结构，其次是能源结构变动及煤炭消耗在一次能源中所占比重，然后是经济规模和能源强度。

5.2.3 影响因素改变可能性分析

根据山东省现状及未来发展趋势，对碳排放的主要影响因素改变的可能性进行进一步的分析，为山东省低碳经济政策提供依据。

偏重的产业结构短期内难以改变。山东省碳排放量变动与第二产业比重变动有较高的相关性。从表 5-5 数据可以看出，2000~2017 年，第二产业的比重一直比较高，大多数年份比重都在 50% 以上，碳排放量比较低的第三产业比重增长相对缓慢，与我国经济较为发达的省份三产占比相比有较大的差距。现阶段，山东省经济第二产业所占比重较高的现实暂时很难扭转，这一现实情况决定了今后一段时期山东的碳排放仍旧主要源自第二产业，尤其是电力、钢铁、水泥、有色金属等重化工行业是碳排放增长的最重要因素。但是，由于重化工业在国民经济中的地位，加之技术设备投入的资产专用型和锁定性等因素的制约，在短期内山东省产业结构难以实现根本性的升级，产业结构将在较长时间内保持目前状态。

能源消费结构可以改善，但幅度有限。山东省是煤炭大省，煤炭占一次能源消费的比重，多年来基本上徘徊在 75%~80% 之间，高于全国的平均水平。因此,能源消费结构以煤炭为主的现状,导致碳排放量随煤炭消费总量的增加而持续增加。由于山东省的风能、太阳能、核能、生物质能等低碳能源储量较丰富,且已经进入开发利用的快速发展阶段,因此能源消费结构在未来可以得到一定改善。但短期内仍旧倚重化石能源的能源消费结构和消费格局难以改变。

经济规模仍未远离库兹涅茨临界点。环境库兹涅茨曲线认为,在经济发展初级阶段环境质量随经济增长而恶化,但一旦经济发展超越一个临界点,人均收入的进一步提高反而会有助于环境改善。为验证碳排放与人均收入之间的关系可以构建模型为:

$$C = a_1 + a_2 RGDP + a_3 RGDP^2 + a_4 RGDP^3 + u_t$$

其中,C 为人均碳排放量,RGDP 为人均 GDP,u_t 为随机项。用 eviews 5.0 回归分析得:

$$C = 7276.417 - 1.442 RGDP + 0.00034 RGDP^2 - 1.15 \times 10^{-8} RGDP^3$$

$$\begin{bmatrix} 7.8273 \\ 0.000 \end{bmatrix} \begin{bmatrix} -3.4526 \\ 0.0033 \end{bmatrix} \begin{bmatrix} 6.5026 \\ 0.0000 \end{bmatrix} \begin{bmatrix} -6.1506 \\ 0.0000 \end{bmatrix}$$

$$R^2 = 0.9907 \quad F = 568.364$$

方程总体拟合效果较好;而且回归方程 F 值和各检验参数的 Sig 值均小于 0.05,通过了 F 检验和 t 检验。因此回归方程的结果具有统计意义。表明碳排放仍旧会随经济规模的扩大而增加,山东省的人均收入仍远离库兹涅茨曲线临界点。

未来的能源消耗强度将下降减缓。实施节能减排以来,山东省的能耗强度下降较快,这主要得益于节能技术的采用、淘汰小冶金、小造纸、小水泥等落后产能,以及限小上大的火电发展政策。但由于山东省产业结构长期仍旧以重化工为主,高耗能产业仍将持续增长,进一步提高能源转换效率的节能较困难。因此,山东省能源消耗强度将下降缓慢。

5.3 山东省十六市低碳发展类型划分

低碳经济是气候变化异常和能源安全威胁背景下人类的必然选择。在主成分分析的基础上,通过对山东省 16 市低碳发展水平进行聚类分析,将山东省 16 市的低碳发展水平划分为 3 种类型。采用障碍度分析,对限制区域低碳经济发展的因素进行诊断。结果发现，不同类型地市由于自然条件和经济发展状况等因素的不同，低碳经济发展水平和主要限制因素也各不相同，因此，应结合各地市自身特征和外部环境等制约因素，制定相应的低碳经济发展策略，推动山东省低碳经济的发展。

5.3.1 低碳指标选择

在能源与环境经济领域较为广泛应用的是 Kaya 恒等式，根据扩展的 Kaya 恒等式，碳排放量可以分解为如下几个因素：

$$C = \frac{C}{TE} \times \frac{TE}{GDP} \times \frac{GDP}{POP} \times POP$$

式中，C 表示碳排放总量；TE 表示能源消费总量；GDP 表示国内生产总值；POP 表示人口总量。等号右边反映了各因子对碳排放的影响。第一项表示能源排放强度，即单位能源消耗碳排放量。不同能源种类和能源结构，其碳排放量不同。第二项表示能源效率因素，即单位 GDP 的能耗，它反映了节能降耗对碳排放的影响。第三项表示经济发展因素，即人均 GDP，它反映了经济规模对碳排放的影响。第四项表示人口效应，人口通过生活消费水平和住房等因素影响碳排放。

因此，碳排放的影响因素主要涉及能源结构、能源效率、经济发展阶段和水平、以人口为核心的社会因素等几个方面。为全面系统地反映各因素对碳排放的影响。其中经济指标是构建低碳经济评价指标体系的核心内容，社会发展指标是指标体系的重要组成部分，同时能源消耗与碳排放以及碳汇水平也是衡量低碳发展水平的关键因素。

经济发展指标。经济规模和产业结构是影响碳排放量的重要因素。一般来说，区域经济规模越大二氧化碳排放量越大；不同产业的碳排放强度不同，第二产业占得比重大则碳排放量大，高新产业碳排放强度较低，产业结构的优化能够从整体上促进社会经济各部门的碳产出效率。衡量一个区域经济规模的指标包括 GDP 总量、人均 GDP 总量和进出口规模；衡量产业结构的指标包括第二产业占的比重和高新产业产值占规模企业产值比例。

社会发展指标。社会发展指标主要衡量人口和城市化等因素对低碳发展的影响。人口规模、收入水平和城市化水平是影响低碳水平的社会发展指标。一般来说，人口规模、收入水平和城市化都与区域碳排放量成正相关。此处采用的指标包括人口总量、城镇人口比重、纯收入及住房面积等。

能源消耗与碳排放指标。能源消耗与碳排放指标主要关注区域（或经济体）的能源消耗总量、能源消耗结构及碳排放现状，更清洁的能源结构能够降低单位能源消费的碳排放强度。能源消耗指标用区域单位GDP能耗和煤炭消耗占能源消耗比重来衡量，碳排放现状用人均碳排放量和单位碳排放强度来衡量。

碳汇与低碳政策指标。区域碳汇主要是森林碳汇、草原碳汇、海洋碳汇及湿地面积等情况。碳汇指标根据数据的可获得性选择了森林覆盖率和湿地面积两个指标。其中，森林覆盖率对全球碳减排和应对气候变化有积极贡献，是一个区域实现低碳化的重要物质基础。

碳生产力是指每单位碳当量排放所产生的GDP数值，是单位GDP碳排放的倒数，反映的是一个经济体的经济效率。能源碳强度指标是反映一个经济体能源消费结构的指标，是指单位能源消费的碳排放因子。

低碳能源指标用来衡量区域能源的禀赋及利用效率。决定能源碳排放水平的主要是能源结构和能源利用效率。表征能源结构指标选择煤炭占能源消耗的比重、清洁煤占煤能源的比重、零碳能源比重及单位能源碳排放系数。零碳能源是指水能、风能、太阳能、生物质能等商品性可再生能源以及核能。表征能源利用效率的指标主要是能源转换效率指标。

5.3.2　指标数据的来源及处理

书中大多数的统计数据来自历年《山东统计年鉴》，其中GDP为可变价，人口数为抽样调查人口数。农村人均居住面积、城镇人均居住面积及森林覆盖率等数据来自各市国民经济和社会发展统计公报；人均碳排放量及碳排放强度通过先计算山东省的碳排放量，再根据灯光数据调整得到碳排放量，然后除以各地市的人口总数和GDP总量分别得到各市的人均排放量和碳排放强度。其中山东省化石能源消耗的碳排放量采用能源平衡表中的能源消费情况，再根据以下公式进行估算：

$$C = \sum C_i = \sum E_i \times \frac{C_i}{E_i}$$

其中，C为碳排放量；C_i为第i类能源的碳排放量；E_i是以标准煤为计量单位的第i类能源的消费量；C_i/E_i为第i类能源的碳排放系数，即单位该类能源消费量所产生的碳排放。碳排放系数采用国家发展和改革委员会能源所公布的系数。计算结果如表5-6和图5-3所示。

表5-6　　　　　　　2017年山东省16市碳排放

地市名	碳排放总量(万吨)	碳排放强度(吨/万元)	人均碳排放量(吨/人)
济南市	9977.51	1.24	11.47
青岛市	15468.23	1.40	16.65
淄博市	4988.17	1.05	10.59
枣庄市	2856.55	1.24	7.29
东营市	5897.61	1.55	27.37
烟台市	9847.78	1.34	13.89
潍坊市	10379.64	1.77	11.09
济宁市	6435.42	1.39	7.68
泰安市	3626.77	1.01	6.42
威海市	4281.86	1.22	15.15
日照市	3493.85	1.74	11.98
临沂市	9462.98	2.19	8.96
德州市	3644.38	1.16	6.29
聊城市	4365.26	1.45	7.20
滨州市	5833.14	2.24	14.91
菏泽市	5018.37	1.78	5.74

注：此处济南市包括原莱芜市，图5-3同。

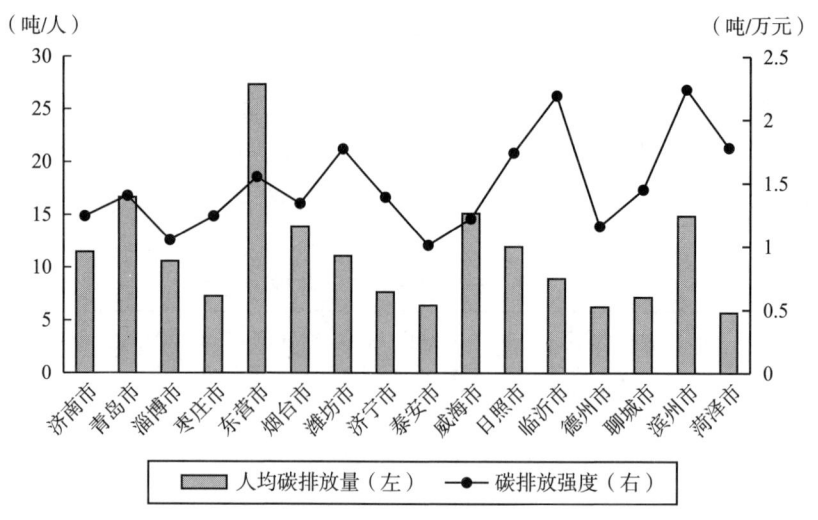

图 5-3　山东省 16 市人均碳排放、碳排放强度

数据处理方法是通过对原始数据的同趋势化和标准化处理。第一，类型一致化处理。因为指标体系中的指标既有正指标也有逆指标，为了使指标同趋势化，本文将用极小值法将逆指标转化为正指标。第二，标准化处理。因为各组数据的量纲不同，因此需要统一对它们进行标准化处理。本书采用标准差方法对原有数据进行标准化处理。

5.3.3　二级指标综合评价

本书采用主成分分析法分别对经济发展水平、社会发展水平、能源消耗及碳排放等指标进行分析。主成分分析的基本思想是通过坐标变换手段，对相关的 r 个原始变量 x_i 做线性变换，从而得到新的综合变量（称为主成分），这些综合变量保留了原始变量的绝大部分信息，剔除一些重叠的信息，使问题得到最佳综合简化。本书采用该方法对二级指标进行赋权合成，提取独立关系的综合因子。主成分分析的数学模型为：

$$F_1 = \alpha_{11}X_1 + \alpha_{12}X_2 + \cdots + \alpha_{1r}X_r$$
$$F_2 = \alpha_{21}X_1 + \alpha_{22}X_2 + \cdots + \alpha_{2r}X_r$$
$$F_p = \alpha_{n1}X_1 + \alpha_{n2}X_2 + \cdots + \alpha_{nr}X_r$$

其中，F_i 表示原始指标变量的第一、第二、…、第 p 个主成分，X_i 表示 r 个原始变量，其中 F_1 在总方差中占的比例最大，综合原有变量的能力最强，其余主成分在总方差中占的比例逐渐减少，综合原有变量的能力依次减弱。主成分分析就是选取前面几个方差最大的主成分，用较少的变量反映原有变量的绝大部分信息。

采用主成分分析法分别对经济发展水平、社会发展水平、碳排放和碳汇进行分析。先将原始数据正向化、标准化，然后用 spss 对数据进行分析，得到因子载荷矩阵，根据特征根大于 1 和主成分累计贡献率大于等于 85% 的原则，提取相应主成分。

在经济发展水平中，前 2 个因子的特征根分别为：2.026、1.589，特征根均大于 1，分别解释了原始变量总方差的 50.652%、39.729%，因子贡献占总方差的比例达 90.381%，较全面地反映了原始数据的绝大部分信息，可信度比较高。第一主成分主要在变量 GDP、进出口总额、高新产业产值占规模企业比载荷较大，相关系数较高，反映的是经济规模对低碳化发展的影响；第二主成分主要在人均 GDP，二产业比例的载荷较大，相关程度较高，反映产业结构、生活水平对低碳化发展的影响。

在社会发展水平分析中，分别提取了 3 个主成分，其累计方差贡献率为 85.011%，其中：主成分 1 在城镇人口比例和农村人均收入、城镇人均收入指标中有较大的载荷系数，分别为 0.857 和 0.921、0.925，代表收入水平，其方差贡献率为 42.593%；主成分 2 在总人口和农村住房指标中有绝对较大的载荷系数，分别为 -0.614 和 0.963，其方差贡献率为 22.967%；主成分 3 在城市住房指标中有绝对较大的载荷系数，分别为 0.906，其方差贡献率为 19.451%。

在能源消耗主成分分析中，分别提取了 2 个主成分，其累计方差贡献率为 90.869%，其中：主成分 1 在碳排放强度指数、人均碳排放和单位 GDP 能耗指标中有绝对较大的载荷系数，分别为 0.956、0.780 和 0.942，代表能耗水平，其方差贡献率为 60.721%；主成分 2 在煤炭比重指标中有绝对较大的载荷系数 0.976，代表能源消耗结构，其方差贡献率为 30.148%。在碳汇因子分析中，只有 2 个指数，我们采用标准化、取平均值的方法得到其碳汇测度水平。

在以上公因子提取的基础上，采用方差极大化旋转，得到旋转成分矩阵及成分得分系数矩阵。以旋转后的各公因子方差贡献率占提取公因子累计方差贡献率的比重作为权重，对各公因子的因子得分进行加权汇总，分别得到各市经济发展指标综合得分（见表 5-7 和图 5-4）。其中，

表5-7 山东省16市二级指标得分

地区	经济发展水平 F11	F12	得分	社会发展水平 F21	F22	F23	得分	能源消耗与碳排放 F31	F32	得分	碳汇 F41	F42	得分
济南市	0.995	-0.919	0.301	1.179	1.475	-1.961	0.541	-0.685	-1.361	-0.909	-0.793	-0.467	-0.630
青岛市	2.738	-0.174	1.681	2.048	-1.305	-0.179	0.633	-0.664	0.602	-0.244	0.129	-0.162	-0.016
淄博市	0.281	0.769	0.458	0.297	0.122	0.843	0.375	0.750	-1.043	0.155	-0.713	0.627	-0.043
枣庄市	-0.901	0.150	-0.519	-0.547	-0.360	0.384	-0.284	1.237	1.402	1.291	-0.819	0.016	-0.401
东营市	-0.255	3.039	0.940	1.184	-0.216	1.628	0.907	-0.675	-1.925	-1.090	2.187	-1.764	0.212
烟台市	1.563	0.466	1.165	0.984	-1.723	0.280	0.091	-0.610	0.789	-0.146	2.358	1.797	2.078
潍坊市	0.178	-0.247	0.024	0.083	0.150	0.074	0.099	-0.534	-0.391	-0.486	0.197	-0.340	-0.072
济宁市	0.072	-0.520	-0.143	-0.535	-0.297	-1.450	-0.680	0.583	1.467	0.876	0.113	-1.383	-0.635
泰安市	-0.233	-0.523	-0.338	-0.773	0.628	0.286	-0.152	0.013	0.745	0.256	-0.526	0.983	0.229
威海市	0.304	0.813	0.488	1.036	1.039	-1.278	0.507	-0.536	0.841	-0.079	0.597	1.797	1.197
日照市	-0.757	-0.502	-0.664	-0.462	1.298	0.270	0.181	-0.263	-0.827	-0.450	-0.562	0.830	0.134
临沂市	-0.084	-1.004	-0.418	-0.602	-1.533	-0.816	-0.902	-0.557	0.182	-0.312	-0.516	-0.848	-0.682
德州市	-0.517	-0.501	-0.511	-0.720	-0.626	0.648	-0.382	-0.210	0.555	0.044	-0.812	-0.696	-0.754
聊城市	-0.525	-0.367	-0.468	-1.004	0.498	0.305	-0.299	-0.003	0.520	0.170	-0.778	-0.441	-0.609
滨州市	-0.839	0.142	-0.484	-0.534	0.576	1.123	0.145	-0.317	-0.779	-0.470	0.833	-0.670	0.082
菏泽市	-0.827	-1.294	-0.997	-1.809	-0.943	-1.125	-1.419	-0.724	0.176	-0.425	-0.131	0.322	0.095

F11、F12 代表经济发展水平中的两个主成分得分，F21、F22、F23 代表社会发展水平中的主成分得分，F31、F32 代表能源消耗中的两个主成分得分。F41、F42 代表碳汇现状水平中两个变量的标准化值。

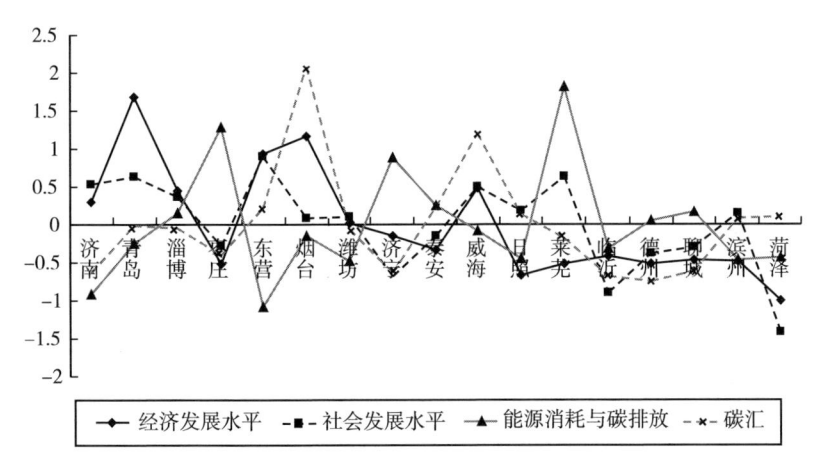

图 5-4 山东省各市二级指标得分

5.3.4 16 市聚类分析

聚类分析法是统计学所研究的"物以类聚"问题的一种方法，它属于多变量统计分析的范畴。它的基本原理是，根据样本自身的属性。用数学方法按照某些相似性或差异性指标。定量地确定样本之间的亲疏关系。并按这种亲疏关系程度对样本进行聚类。常用的聚类方法有：k-均值聚类法系统聚类分析法等，本书采用系统聚类方法。系统聚类分析的基本思想是，在聚类分析开始时每个样本自成一类，然后按照某种方法度量所有样本之间的亲疏程度并把其中最相似的样本首先聚成一小类；接下来，度量剩余的样本和小类之间的亲疏程度，并将当前最现实的样本或小类再聚成一类；如此反复，直到所有的样本分别聚成一类为止。系统聚类方法不需要给定分类的标准，也不需要给出所有数据分成几类，而是比较客观地从数据自身出发进行分类。

用 spss 软件聚类分析，选用欧式距离和 k 均值聚类法，通过对 16 市的经济发展水平、社会发展水平、能源消耗、碳汇的得分值进行聚类，可得到表 5-8 的聚类结果。

表 5-8　　　　　　　　　山东省 16 市聚类结果

地市名称	分类	与聚类中心距离
济南市	1	2.506
潍坊市	1	1.838
泰安市	1	1.588
临沂市	1	1.104
德州市	1	1.501
滨州市	1	1.646
菏泽市	1	0.000
青岛市	2	2.226
东营市	2	2.256
烟台市	2	0.000
威海市	2	1.188
淄博市	3	1.951
枣庄市	3	1.085
济宁市	3	1.724
日照市	3	1.634
聊城市	3	1.544

取分类数为 3 时，聚类结果如表 5-9 所示。

表 5-9　　　　　　　　　山东省 16 市聚类结果

低碳发展水平分类	地市名称
低碳水平较高类型区	青岛市　东营市　烟台市　威海市
低碳水平中等类型区	济南市　菏泽市　临沂市　滨州市　潍坊市　泰安市　德州市
高碳发展类型区	淄博市　枣庄市　济宁市　日照市　聊城市

聚类结果表明：青岛市、东营市、烟台市、威海市 4 市低碳发展水平较高；济南市、菏泽市、临沂市、滨州市等 7 市低碳中等发展水平；淄博市、枣庄市、济宁市等 5 市属于典型的高碳发展模式。

5.3.5 不同低碳类型特征

总体分析，山东省低碳经济总体发展水平尚低，但在 16 市间仍然存在发展差异，形成不同的类型。

1. 低碳水平较高类型区

青岛市、烟台市、威海市、东营市 4 市都属于低碳发展水平较高类型区。该类型区地市的总体经济发展水平处于全省前列，经济发展水平较高，更难得的是该类型区各地市的经济发展和环境关系较和谐，低碳技术较高，低碳能源开发与环保技术以及低碳新兴产业已经初具规模，能在全省发挥示范带头作用。青岛市、烟台市、威海市等均位于山东省沿海地区，地理区位优越，经济发展基础较好，技术水平高于全省平均水平。该类区域应依托自身的发展优势，提高低碳经济发展质量和速度，大力推广低碳经济发展技术，带动全省低碳经济发展。东营市已被确定为低碳经济示范城市，威海市和潍坊市的低碳经济社区也逐步开展。

2. 低碳水平中等类型区

济南市、菏泽市、临沂市、滨州市、潍坊市、泰安市、德州市等都属于低碳中等类型区。这些类型区域低碳经济发展空间较大，具备发展低碳经济的基础，应该积极实现低碳经济转型，在促进传统产业改造的同时实现环境状况不断改善。该类型的共同特点是传统产业在国民经济中占有较大的比重，对传统能源和环境的依赖性较强。同时，该类型发展水平的形成还存在一定差异，济南市、潍坊市、临沂市以及泰安市经济基础较好，尤其是济南市属于山东省经济中心之一，环境状况也较好，整体表现是低碳中等发展水平。而菏泽市、滨州市等相对来说经济基础较差，经济规模较小因而温室气体排放较少。因此，对于这种类型区应突破传统的经济发展模式，加大研发力度，挖掘原有的潜力，利用地区的承接作用，发挥低碳经济技术与知识的承接作用。

3. 高碳发展类型区

淄博市、枣庄市、聊城市等地区属于高碳发展类型区。这些地区是传统的工业中心，低碳经济发展相对缓慢，高碳产业在国民经济中所占比重较大，比如日照市的钢铁产业是其支柱产业，枣庄的经济发展与煤炭产业密切相关，淄博是传统的重化工业中心，这些地区的经济发展与环境保护之间不够协调。该类型区域应该加快生产方式的转型，实现高碳产业低碳化，在提高经济效益的同时兼顾生态效应和社会效益，实现资源、环境和经济的可持续发展。

第6章 区域低碳经济发展模式选择：山东省为例

通过对一个区域低碳经济基础条件进行定性分析和低碳发展水平的定量分析，就可以为该区域低碳经济发展模式提供依据。实现区域低碳经济模式的选择需要明确区域低碳经济发展的战略定位、发展目标及发展思路，然后从两个层面提炼区域低碳发展模式，一个层面是根据该区域在全国低碳经济发展中的地位和特点来提炼低碳经济发展模式，另一个层面是根据该区域内部低碳发展水平的差异，针对不同的次一级区域提炼不同的低碳经济发展模式。下面以山东省为例，对区域低碳经济发展模式进行研究。

6.1 定位、目标和思路

山东省现处于工业化中期阶段，经济发展模式仍是一种"高投入、高消耗、高排放、高污染"的粗放型高碳增长方式，而且未来较长一段时间内经济发展仍将以工业为主导，且高能耗的原材料工业和能源工业在产业发展中仍会占有重要地位。促进经济发展的低碳转型，对于山东省而言是挑战也是机遇。作为全国的重要原材料和能源工业基地，山东省开展低碳经济建设无论在产业结构优化还是能源效率提升上都将面临较大的压力。但是以低碳经济为契机，加速现有粗放型增长方式的转变，抢占新的经济增长点，对于促进地区可持续性发展，提高山东省在环渤海地区乃至全国的竞争力具有重要战略意义。

6.1.1 战略定位

我国确立的低碳发展长期目标是确立全社会低碳经济发展的能效目标，推进能源供应保障体系建设，到 21 世纪末建立环境友好、人居和谐的低碳社会，到 21 世纪中叶建立以碳排放有效降低为特征的低碳经济模式。低碳经济发展的中期目标是积极推进能源市场改革，向社会公平和可持续发展方向引导社会能源需求，建立和完善有效的全社会能源高效合理利用管理体系，建立符合市场经济要求的节能激励机制，加强自主创新和技术进步，有效降低碳排放。低碳经济发展的近期目标是提高能源利用效率，调整能源结构，加快低碳能源技术的开发。山东省发展低碳经济肯定要在国家低碳经济发展目标的规划下，立足于"发展"这个第一要务，在发展的同时将"低碳"作为一种途径或手段来促进经济发展更加清洁、更为高效。

以能源结构、产业结构调整为核心，加强节能减排和开发新能源技术是山东省发展低碳经济的近期目标和任务，即通过建设"高端、高质、高新"产业体系，发展低消耗、低排放的高附加值产业，加速低碳型产业发展。同时，加强能源领域的低碳化发展。考虑到山东省产业特点及在全国区域经济发展中的定位，产业结构的全面升级转型需要一个过程也存在一定困难，在稳步发展主导产业的基础上，大刀阔斧地实施节能技术改造，提高能源利用效率，是山东省发展低碳经济的一条重要路径。此外，提高清洁能源消费比重，降低单位能源碳排放也是低碳经济建设的重要内容。

综上所述，山东省低碳经济发展的战略定位为：立足本省经济发展实际，以产业结构调整为建设主线，以技术改造升级为重要手段，以能源结构调整为重要辅助，积极开展多种低碳模式建设示范，着力推进产业低碳化转型，加速构建高效的低碳经济体系。

低碳经济发展模式应能根据区域的实际情况调节低碳经济运行的轨迹，使其沿着低碳经济发展战略目标向前发展。确定低碳经济发展模式，是区域低碳经济发展的重点，其适合与否，关系到区域低碳经济的发展方向和发展速度。山东省作为温室气体排放大省，选择符合省情的发展模式，不仅事关本地区的可持续发展，还将影响全国温室气体的排放趋势。

发展低碳经济，必须立足于当前经济发展阶段和资源禀赋，认真审视低碳经济的内涵和发展趋势，将能源结构的清洁化、产业结构的优化与升级、技术水平的提高、消费模式的改变、发挥碳汇潜力等内容纳入经济和社会发展战略规划。

6.1.2 发展目标

低碳经济的发展并非一蹴而就，任何国家和地区经济发展的低碳转型都必须经历一个发展过程。山东省低碳经济建设也需基于现状，遵循经济发展规律，找准不同阶段的发展定位。

低碳发展短期目标。以保证经济稳定增长为前提，以产业结构调整为重点，加快落后产能淘汰，加大先进节能技术与新能源技术应用，积极开展多种低碳模式建设示范，控制或减缓温室气体排放。山东省发布《"十四五"生态环境保护规划》中显示，在"十三五"期间，山东累计治理"散乱污"企业超过11万家，压减粗钢产能210万吨、生铁970万吨、焦化2800万吨、煤炭产能5276万吨，关停退出电解铝违规产能321万吨，化工园区由199家压减到84家，关停退出不达标化工企业4000多家。2020年，第三产业增加值占地区生产总值比重达到53.6%，高新技术产业产值占规模以上工业产值比重较2015年提高12.6个百分点，单位地区生产总值能耗、二氧化碳排放强度、煤炭占一次能源消费比重比2015年显著降低，国三及以下排放标准营运柴油货车累计淘汰19.18万辆，全省化肥、农药用量连续4年负增长。"十四五"期间，持续优化新能源和可再生能源、煤电、外电入鲁"三个1/3"能源结构，打造山东半岛"氢动走廊"。同时，重点推进鲁南经济带及淄博、聊城等相对高碳地区的产业低碳化转型，继续维持胶东半岛与黄河三角洲高效生态区的低碳型产业结构，初步构建起符合区域经济特色的低碳经济示范模式。

低碳发展远期目标。在稳步推进服务业和高新技术产业发展的基础上，重点加强高端节能技术与新能源利用技术的应用，快速推进低碳技术水平升级和能源结构优化，在重点领域形成较为成熟的低碳建设模式，全社会的低碳发展意识明显增强。全省二氧化碳排放在2027年左右达到峰值，支持优化开发区域碳排放率先达到峰值。到2035年，绿色生产生活方式广泛形成，碳排放达峰后实现碳排放稳中有降，尽快实现碳中和。生态环境根本好转，人与自然和谐共生的美丽山东建设目标基本实现。电子信息、新能源、生物技术、新材料、节能环保装备、能源服务等新兴产业对经济发展的贡献显著增强，根据山东省《"十四五"生态环境保护规划》，单位GDP碳排放较2020年下降30%。

从现状分析和情景预测结果可以看出，以高耗能、高排放工业为主导的产业结构是山东省发展低碳经济的一大阻力，在考虑现有产业发展规划、实施一定结构调整的情景下，能耗强度与碳排放强度降幅距离国家发展目标仍有较大差距。在基准政策情景的基础上，实施技术改造、清洁能源应用能够实现减排目标。因此，山东省低碳经济建设，必须打好产业结构调整这个基础，积极推进落后产能淘汰与低碳型产业发展。

6.1.3 设计思路

低碳经济发展的核心是调整能源结构，加大低碳能源的发展，降低对高碳能源的依赖性。就山东目前的发展阶段而言，生产导致温室气体排放量远远高于生活带来的温室气体排放量。从生产领域角度分析，产业结构的调整是发展低碳经济的重要途径。因此，山东省低碳经济发展模式设计思路就是从低碳能源发展和产业结构两方面展开的。此处山东省低碳经济发展模式选择分为两个层次，第一个层次是面向全国中的区域经济定位从全省角度对低碳经济模式进行选择，第二个层次是在省内分区域进行低碳经济发展模式选择。

6.2 山东省"政府主导下以节能减排为核心"低碳发展模式

针对如何发展低碳经济，主要从"减少碳排放量"和"增加碳汇聚量"两个方面在推进。从这个角度分析，低碳实践的模式可以分为"减少碳排放量"模式和"增加碳汇"模式。增加碳汇模式，根据山东省实际情况，由于受地域空间所限，可行性较低，因此山东更应该选择"减少碳排放量"模式。

山东省应坚持政府主导。主要原因如下：首先因为山东省低碳经济发展处于起步阶段，低碳经济发展所需经济社会环境相当不完善，政府应该在政策制定及相关法规制度建设方面发挥主体作用。政府前期主导的节能减排取得很好的效果，说明政府主导能发挥很好的作用。其次，节能减排具有比较明显的正外部性，在市场机制不能很好解决外部性问题的前提下，必须充分发挥政府的主导作用。另外，低温室气体含量的空气属于典型的公共物品，公共物品的提供不能有企业而应该是由政府提供。最后，与经济规模相似的省份比较，山东经济社会发展体现了较为明显的政府主导型特点，市场作用有待加强。据万博新经济研究院等机构发布的《后疫情时代中国城市营商环境指数评价报告》（2020），青岛营商环境位列第13，济南位列第20。另外，2013年以来，北京、天津、上海、重庆、湖北、广东及深圳等省市的碳交易市场相继开市，其中，深圳市排放权交易所在2013年6月18日率先启动了交易。而山东省没有碳排放交易所，线上碳排放交易刚刚于2021年7月开市，市场作用机制在短期内难以发挥。因此，在目前阶段，政府主导作用对低碳经济发展起着至关重要的作用。

山东省应坚持节能减排为核心。首先，碳减排在全国还未形成严格的监控指标，而节能减排效果早已成为各省市相当重视的重要指标，成为各级政府官员政绩考核和升迁的重要依据。节能减排与低碳经济低能耗、高产出的基本目标一致，因此，发展低碳经济不宜另起炉灶，应在节能减排的基础上同时实现低碳发展的目标。其次，山东省二产过渡发展三产发展不足的产业结构决定在第二产业提高能源利用效率是必须的。与其他省份比较，山东省万元GDP能耗仍旧较高，有降低的空间。

6.2.1 政府主导——低碳管理模式

低碳经济发展的三大主体是政府、企业、公众，其中政府通过制定相关的产业、财政政策及建立相关的法律制度，约束和引导社会发展低碳经济，企业作为经济社会的主要力量是发展低碳经济的基石，公众可以通过消费选择引导企业和政府选择低碳经济之路。在低碳经济的不同阶段，三大主体发挥的作用不同。在低碳经济发展起步阶段，政府应该建立健全相关的法律法规制度及政策，应发挥主导作用。在政府建立较完善的市场机制基础上，企业将围绕价格杠杆发挥主体作用。而社团和公众能动性发挥的前提是低碳理念深入人心，碳标识及碳足迹被公众所重视，这需要教育和宣传发挥积极作用。

政府承担着建立低碳发展政策框架及为低碳发展提供政策保障的重要职能。要实现低碳经济推行节能减排离不开政府的强力推进。与工业文明时代政府参与式的辅助性角色不同，在低碳经济条件下，政府的主导地位更加突出，政府的战略地位更加显著。因为，碳排放的自动减少和低碳经济的自动实现几乎是不可能的，必须依赖政府从法律法规、政策环境、技术发展等方面加以强力推动，这就决定了低碳经济发展中政府的重要地位与作用（李军鹏，2010）。

政府在低碳经济发展中发挥的作用主要表现在两方面。一方面，政府可以通过政策制定和制度安排，规范和限制经济参与者的行为；另一方面，政府可以通过制定激励性的政策，引导经济参与者由高碳经济模式转向低碳经济模式（徐玖平等，2011）。

政府职能结构如图6-1所示。

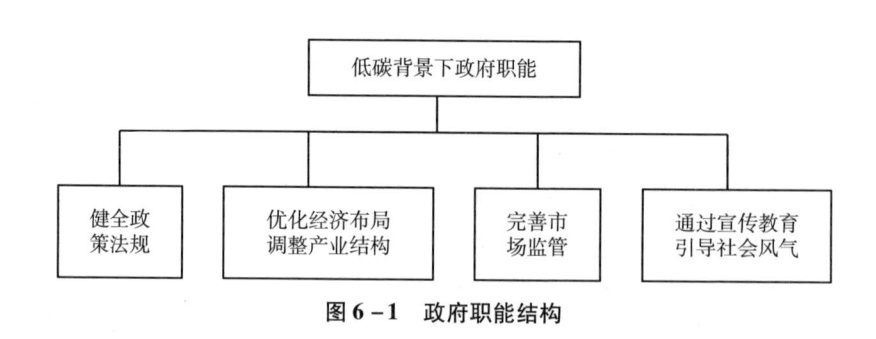

图6-1 政府职能结构

健全政策法规是政府的重要职能。政府可以通过制定相关的法律法规及税收、财政补贴等政策手段激励、扶持低碳经济的发展。政府应加大对低碳技术研发的力度，引导企业加快技术升级，淘汰落后产能，同时运用能源税、环境税等方式，加大化石能源的使用成本，激励经济主体节能提效，加大开发消费低碳能源的力度。

优化经济布局，调整产业结构是低碳转型重要领域。政府应当制定发展低碳经济的战略目标和总体规划，优化产业布局，用低碳经济理念指导区域发展，根据各地不同自然资源和产业结构特点，构建合理的区域低碳经济体系。以产业结构调整为节能减排的重点，淘汰关停落后产能，限制高能耗、高污染企业的发展，用低碳技术改造传统产业，积极发展低碳产业。

完善市场监督是市场经济条件下政府的重要职能。在低碳经济发展过程中，政府应建立和完善相关的市场并进行监督。政府应构建碳排放监测机制，开展碳排放强度评价，建设好山东省碳排放交易市场；在国家有关标准的基础上，引导企业在规定范围内生产；建立信息披露制度，对企业生产进行监督，对公众生活进行引导。

引导社会新理念建立是低碳经济模式运行的基础。政府应该通过教育、宣传及示范等方式引导理性消费低碳理念的形成。政府应通过广泛宣传教育，倡导新的社会生活方式，让公众意识节能减排的紧迫性和严峻性，倡导公众形成理性的消费理念。政府示范作用有利于公众低碳理念的形成。政府应践行节约，建设节约型政府，通过政府绿色采购与节能运行，引导企业和公众参与到低碳经济过程中。

6.2.2 节能减排为核心

节能减排核心是节约能源，降低能源消耗量，减少排放量。山东省的节能减排工作取得较好成绩。根据山东省发布的《"十四五"生态环境保护规划》，"十三五"结束时，全省万元地区生产总值能耗比2015年累计下降19%，PM2.5浓度下降37%，优良天数比例提高14.2个百分点，国控断面地表水达到或好于Ⅲ类水体比例为73.5%，劣Ⅴ类水体、设区市建成区黑臭水体全部消除，近岸海域水质优良面积比例达到94.1%。另外，新能源和可再生能源发电装机量达到4791.2万千瓦，是2015年底的4.3倍。

1. 产业结构调整

作为一个产业结构以重化工业为主省份而言，节能减排首先要考虑就应该是优化产业结构。产业结构调整的基本思路是淘汰落后产能和工艺，抑制高能耗高排放行业的过快增长，推动传统产业的改造升级，积极发展低碳产业。

淘汰落后技术，以大规模生产代替小规模生产是产业结构调整的关键举措。国内外单位GDP能耗差异大的原因主要是企业生产规模和技术水平的差异。因此，山东省应该在落实《国务院关于进一步加强淘汰落后产能工作的通知》等有关政策规定基础上坚定不移地淘汰落后产能，做好小火电机组关停工作，推动小热电、小锅炉集中整治，实施"上大压小"，对燃煤锅炉集中区域、工业园区和供热覆盖区域实施集中供热，淘汰高耗能落后生产工艺、产品和设备。

严格控制高耗能、高排放行业过快增长及出口。从严控制钢铁、水泥、焦炭和氮肥产能，把钢铁、铝冶炼、铜冶炼、铁合金、电石、焦炭、水泥、煤炭、电力、造纸、烧碱、玻璃等高耗能行业作为重点管理和监控对象，严格控制"两高"行业新增产能。严格控制"两高一资"（高耗能、高污染和资源型）产品出口。承接产业转移必须坚持高标准，严禁污染产业和落后生产能力转入；加快运用高新技术和先进适用技术改造提升传统产业，促进信息化和工业化深度融合，重点支持对产业升级带动作用大的项目。尤其是钢铁、煤炭、化工、造纸等重点企业联合重组，提高产业集中度，实现传统产业优化升级。

在优化消费过程，培养理性消费理念的基础上，大力发展面向生产、面向生活、面向农村的服务业。应该指出，服务业比重的提升与低碳经济并不存在必然相关关系。发达国家现代服务业比重远远大于发展中国家，但人均碳排放量发达国家远远大于发展中国家。因此，应积极改变公众的理性消费理念。加强重点城区、重点园区、重点企业和重点项目"四大载体"建设，促进服务业拓宽领域、扩大规模、优化结构、提升层次，区域中心要尽快形成以服务经济为主的产业结构。大力培育战略性新兴产业，重点发展新材料、新信息、新医药和生物、新能源与节能环保、海洋开发、高端装备制造等产业。

2. 提高能源利用效率，调整能源结构

提高能源利用效率，调整能源结构也是节能减排的重要内容。传统能源仍然是经济社会能源消费的主体，应按照安全、高效、清洁的原则，开发利用传统能源。科学有序开发利用煤炭资源，加大油气资源勘探开发力度，控制燃煤火电新增规模，鼓励建设大容量、高参数、高效率超超临界燃煤发电机组，优化电源结构。积极发展节能技术，提高能源利用效率。争取在2025年左右使全省的能源技术效率达到世界先进水平，即通过能效水平的提高减缓温室气体排放。与此同时，积极推广应用太阳能、风能、生物质能、地热能和核能等新能源，鼓励太阳能集热系统在工业、公共机构、商业和居民生活领域的大规模应用。加快建设沿海和内陆风能产业带，发展大型风电设备，建设风电项目，有序推进生物质直燃和生物质气化发电，因地制宜发展地热能，推广满足环保和水资源保护要求的地热应用技术产品。

6.3 山东省十六市低碳经济发展模式选择

产业结构优化是实现低碳发展的主要途径之一。产业结构现状特点制约着低碳经济发展的路径模式选择。三次产业生产特征不同，其能耗和碳排放量特征也不同。一般来说，高能耗、高排放为特征的重工业所占比重越高，能耗越多碳排放量也越大；相对来说，服务业比例越高，经济发展的"低碳"特征越明显。因此，要实现低碳发展，必须调整三次产业在国民经济中的比重，尤其是第二产业在能源消耗和碳排放中具有举足轻重的作用，所以应重点考虑第二产业低碳发展模式。低碳经济模式的实质是产业增量上的低碳化和产业存量的去高碳化，重点就是构建新型低碳产业产业群，保持传统低碳产业的低碳水平，高碳产业低碳创新等。

碳排放主要来源于化石能源的使用，能源消费是导致全球二氧化碳排放增加的主要原因。据研究，由能源部门排放的温室气体占温室气体排放总量的80%以上[1]。发展低碳经济离不开能源低碳化转型。能源结构的优化，节约能源提高能效，发展新能源构建以低碳能源为主的绿色能源体系是发展低碳经济的重要路径选择。但我们应该明白，山东省各市在较长一段时期内以煤炭为主的能源结构不可能根本性改变，但能源产品正向洁净化、精细化和高质量化发展。能源结构将出现多元化趋势，特别是可再生能源和核能将发挥更大的作用。山东省各市应在不折不扣完成节能减排目标的基础上充分发挥各自在新能源利用方面的独特优势，在低碳模式选择方面着重考虑新能源的开发利用。

在聚类分析结果基础上，将16市按低碳发展水平分为三类，然后再仔细分析这三类区域在新能源利用方面和产业结构方面存在的共性，

---

[1] Quadrillion R., Peterson S. The energy-climate challenge: Recent trends in CO_2 emissions from fuel combustion [J]. Energy Policy, 2007, 35 (11): 5938–5952.

提炼出三种低碳经济发展模式。

青岛市、东营市、烟台市、威海市4市低碳发展水平较高，宜采用"风能、核能为主的新能源产业基地＋新兴低碳产业模式"；济南市、菏泽市、临沂市、滨州市、潍坊市等7市低碳中等发展水平，可采用"以太阳能为主的新能源产业基地＋产业结构优化升级"；淄博市、枣庄市、济宁市等5市属典型的高碳发展模式，可采用"以生物质能为主的新能源产业基地＋高碳产业低碳化"。

6.3.1 风能、核能为主的新能源产业基地＋新兴低碳产业模式

青岛市、烟台市、东营市、威海市低碳发展水平较高，风能、潮汐能、太阳能等低碳能源丰富，核电基地正在形成过程中，新能源建设起步较早，技术水平较高，具备一定优先优势，因此可以建设以风能和核能为主的新能源基地。如在青岛市、威海市、烟台市等地可建设海上风力发电厂，而在东营市可建设陆上风力发电，积极建设核电基地。同时，这些沿海地市，尤其是青岛市、烟台市高新技术基础较好，在生物技术、智能网络、新材料和先进制造产业等新兴低碳产业有一定发展潜力，应积极发展以低碳为主要特征的新兴产业。

1. 新能源产业基地

低碳经济发展模式的实质是减少对化石能源的依赖，增加低碳能源的使用，调整能源结构，是实现低碳发展模式的重要途径之一。青岛市、烟台市、东营市、威海市、潍坊市等具备很好的新能源禀赋，新能源建设起步较早，技术水平较高，具备一定领先优势，因此可以发展新能源基地。

新能源基地建设。新能源产业是战略性先导产业，发展前景广阔、潜力巨大。根据该区域的资源禀赋分析，新能源基地建设主要是指以风电、核电为重点的新能源基地建设以及配套制造业的发展。新能源产业属我国战略性先导产业，应紧紧把握这个战略机遇，充分利用山东省丰富的能源资源，加快新能源产业发展步伐，不断壮大产业规模，为优化能源结构、促进产业结构升级、转变经济发展方式增强发展动力。未来要重视新能源产业的科技投入和人才队伍建设，重点在核电、风电等领

域实施新能源应用示范工程，促进新能源利用技术的不断成熟。

加快风能产业基地建设。风能是一种可再生的绿色能源。青岛市、烟台市、威海市、东营市、潍坊市等由于地处浅海滩涂或者面积较大的海岛区，风能丰富且易于开发。该区域对于建立测风塔和树立风机具有先天的地理优势，这一优势降低了开发利用成本，再加上可利用风能区大片相连，易于集中开发形成一定的产业规模，集中并网输送电能，可进一步降低电网铺设费用。因此，这一区域一直是山东省发展风电的主要地区。

青岛市能源消费结构不断优化，根据《青岛市"十四五"能源发展规划》，2020年，青岛市风电、光伏发电和生物质能等可再生能源发电量达到44.65亿千瓦时，较2015年增长近3倍，占全市总发电量比重由6.7%提升至23.4%，提高了16.7个百分点。根据能源发展规划，到2025年，煤炭消费比重下降至23.5%左右，煤电电量、清洁能源电量、市外电量占全社会用电量的比重分别优化到21.5%、27.0%、51.5%。烟台正积极推动清洁能源发展和清洁能源示范市的建设。根据烟台市发改委公布的资料显示，核电、风电、光伏、生物质发电等产业快速成长，预计到"十四五"末，全市清洁能源装机容量达1300万千瓦，占比达到55%左右。海阳核电一期工程自2018年10月投运以来，累计发电556亿度，相当于节约标准煤1677万吨、减排二氧化碳4393万吨。2021年11月国家能源核能供热商用示范工程二期项目在烟台的海阳市正式投用，海阳市整个城区全部实现核能供暖，成为全国首个"零碳"供暖城市，核能供热有望向烟台市区延伸。东营市、潍坊市、威海市在海上风电领域也具有一定实力。

加快海上风电产业基地建设。该地区海上有效风能蕴藏量丰富，地理位置优越，有先发优势，因此，要依托半岛海岸、海域诸岛、黄河入海口的风力资源和经济优势，加快集中建设青岛平度、烟台长岛、威海成山头和环渤海湾大规模并网风力发电场；根据《山东省海上风电发展规划（2019–2035）》，山东省海上风电总规划三大海上风电基地：渤中基地890万千瓦（其中近东营市周边规划海上风电700万千瓦）、半岛北基地30万千瓦、半岛南基地680万千瓦，共计41个风电场。加大风电开发不仅会改善当地的能源结构，而且将带来海上风电科技研发、与风电有关的装备制造业、风电维修服务业等产业的大发展，促进全省经济的总体上升。

加快核能产业基地建设。核能是一种比较安全、可靠的有竞争力的新能源,这是可以大规模替代化石能源的,基本上不排放污染物和温室气体的清洁能源。因此,发展核能是降低温室效应的有效途径。由于地理位置、资源及技术方面的原因,山东省的核能基地选址基本在该区域。山东省规划在海阳、乳山、荣成建设三个核电基地,2020年全省核电装机容量达到1020万千瓦,届时核电占一次能源消费比重仅为1.74%。核电具有装机容量大,发电稳定,经济成本在长期上优于火电的三大优势,相比风电、光伏发电,我国核电技术更为成熟,山东省应加大核电的发展规模,重点支持利用高温气冷堆、AP1000和二代加先进型压水堆核电技术,建设大型化、现代化的核电基地。海阳核电一期工程第一台机组已于2018年投产发电,第2台机组2019年投运,围绕核岛、常规岛、辅助设备、运输设备和配套材料等,加快核电装备制造业发展,形成核电站建设施工、装备制造、运营管理、技术服务为一体的完整核电产业体系。

加快海洋产能建设。目前,海洋能利用成本较高,一些技术问题也还没有过关,所以没有在全世界广泛开展。但是不少国家已经着手技术攻关,并制定宏伟的海洋能利用规划,从发展趋势来看,海洋能必将成为沿海国家,特别是发达的沿海国家的重要能源之一。山东省拥有绵长的海岸线,具有十分丰富的海洋能资源,但由于技术、成本等原因海洋能应用还处于规划阶段,未来要进一步加大海洋能应用技术的研发与应用,以青岛市、烟台市、威海市为重点,开发推广海水源热泵供暖技术;以青岛市、威海市为重点,加快推动潮汐能发电、波浪能发电、海水温差发电和海流能发电技术研发,争取获得突破性进展。

加快新能源装备制造业的发展。新能源装备制造业是为风能、太阳能、核能、生物质能等新能源提供装备的产业。节能环保装备是节能专用设备、环境污染防治专用设备、环境监测专用仪器仪表、资源综合利用设备和环境污染防治专用材料等的总称。随着节能环保需求的日益增强,新能源装备与节能环保装备正快速成为国内外装备制造业关注的焦点,山东省加快发展新能源装备制造业,不仅是抢占装备制造领域新的经济增长高地,更是为全省节能环保工作的开展提供坚实的技术支撑。未来要进一步加强新能源技术、节能环保技术与装备制造的结合,力争将新能源装备与节能环保装备打造为新的特色产业。加快风电装备制造业发展，重点发展风力发电机、风叶、主轴、机械传动、风机变频、输变电机组等产品。

2. 低碳新兴产业

经济发展史表明，经济相对发达地区生产发展的前途，主要是开发新产业、新产品，发展新品种，开发新的使用价值，满足区内外日益发展的多样化的需求。低碳背景下，青岛市、烟台市、威海市等要想保持低碳方面的领先地位，必须在低碳新兴产业方面先行一步。青岛市、烟台市、威海市等高新技术产业基础较好，产业结构比较低碳，应在继续维持胶东半岛与黄河三角洲高效生态区的低碳型产业结构的同时，积极发展以低碳为主要特征的新兴产业。

新兴产业是指随着新的科研成果和新兴技术的发明而出现的新行业。一般来说，新兴产业代表产业未来发展趋势，是区域产业结构调整转变的突破口和切入点。低碳新兴产业必须具有低碳特征，应该是低碳乃至非碳排放的新兴产业或产业集群，例如太阳能光伏产业、自然生态农业、绿色照明产业、生物技术、智能网络、新材料和先进制造产业等都属于低碳新兴产业范畴。

产业链的价值分布要从资源型企业转向低碳技术环节，不断改善产业链低碳与高碳的配比，使国民经济逐步趋向低碳经济的标准。换言之，新兴产业应该是能实现低碳发展、清洁发展、低成本发展、低代价发展的产业，这些产业既能最大限度地节约资源、保护环境和减少污染，又能为人们提供健康、适用、高效的生产和生活空间。新兴产业要体现技术的创新性和先导性。新兴产业要具有环境友好、绿色驱动的功能。产业链是各个产业部门基于彼此间的技术经济关联，依据特定的产业逻辑关系和时空布局关系形成的链条式关联形态。低碳经济的产业链条包括节能减排技术研发、碳金融产品、低碳产品制造、低碳技术及碳捕捉和固化等环节。在未来的低碳经济格局中，产业利润将主要集中于技术研发等上游环节，而下游的低碳产品制造和碳固化等环节的利润空间将会受到大大挤压，盈利空间极其有限。

从人类掌握的技术条件来看，最有可能成为低碳经济发展模式下的新兴产业主要是新能源行业、新材料产业、电动汽车行业等，结合青岛市、烟台市等具体条件，着重发展电子信息、新能源、生物技术、新材料4个优势领域，强化自主创新，加快形成以科技进步和创新为基础的竞争新优势。

电子信息产业已基本形成以青岛市为龙头、以胶东半岛为基地、沿胶济铁路沿线铺开并向两翼拓展的信息产业带，产业集聚初具雏形。未来应进一步加强这种产业集聚，着重在产业结构的优化、"高精尖"产品的研发上做文章，重点发展计算机及其外围设备、网络与电子通信、电动汽车、集成电路和软件、液晶显示、半导体照明等系列产品，强化在环渤海地区电子信息产业的优势地位，增强与长三角、珠三角经济圈电子信息产业的竞争力。

生物技术产业要充分利用国家实施生物经济强国战略的有利时机，围绕生物技术在农业、医药、轻工与食品等领域的应用，加快产业关键技术和重要产品研制的新突破，支持具有自主知识产权的生物技术成果实现产业化，促进生物产业规模化发展，重点建设青岛国家生物产业基地。

新材料是新兴工业的基础。应大力发展对国民经济有重要支撑作用的新材料。新材料产业要围绕信息、生物、航天航空以及新能源等产业的需求发展。山东省是材料大省，资源广、加工能力较强，发展新材料产业具有良好的产业基础和比较优势，目前在高技术陶瓷、特种纤维、高分子材料等领域占据国内优势地位。但大部分新材料产品仍处于中低档次，产业链条短，很多关键技术、前瞻技术尚未突破。未来要围绕航空航天、国防、电子、机械、化工、冶金、造纸等应用领域，进一步提高新材料技术水平和产业规模，加快产品研发与国际先进水平的接轨。重点打造胶东半岛城市群与黄河三角洲生态经济区两大产业集聚区。

建立健全发展新兴低碳产业的政策。包括低碳经济发展规划、低碳经济激励措施、低碳经济建设示范、低碳经济统计监管4项指标，即从发展规划的制定、经济手段的调控、实际工作的开展，以及工作成果的考核等方面，对政府在低碳经济建设上的努力进行考量。

制定低碳新兴产业发展专项规划。从我国实际情况看，面对日益严峻的能源和环境约束，为避免经济建设和能源基础设施建设在其生命周期内的锁定效应，必须高度重视向低碳经济转型。为此，有必要制定低碳新兴产业发展专项规划，从前瞻长远和全局的角度，明确低碳产业作为新兴产业在国民经济中的战略地位，部署新兴产业的发展思路，主要目标重点任务和保障措施，在产业结构调整区域布局技术进步和基础设施建设等方面，为向低碳经济转型创造条件。

调整产业结构，发展具有低碳特征的产业，限制高碳产业的市场准入。应抓住全球产业洗牌的机遇，着手强化节能效率优先的节能减排硬约束措施，并以此作为应对金融危机，实现经济持续增长和应对气候变化的重点之一，超前部署、超前投资，加快以低碳技术为主导的产业结构调整步伐，从源头上减少碳排放；加大重点行业节能减排技术改造力度，坚决淘汰能耗高的老旧设备，进一步严格控制高能耗、高污染项目建设，坚持严格执行项目开工的环境影响评价审批、节能评估审查和节能减排准入管理的标准和规定通过这些措施。一方面加快淘汰高耗能、高排放的落后产能，限制高碳产业的市场进入，改变能源的利用方式，避免留下长久不利影响；另一方面大力增加对节能减排和环保技术的投入，为低碳产业发展创造条件。

6.3.2 太阳能产业基地+传统产业高端化模式

济南市、泰安市、临沂市、德州市等低碳发展处于中等水平，以能源密集型为特征的传统产业仍占有较大比重，需对传统产业提升改造实现低碳化。同时这些地市第二产业比重过大，第三产业发展明显不足，应积极推进产业结构升级，加大高新产业的投资力度，大力发展现代服务业，推进旅游项目等低碳消费，促进第三产业的发展。另外，济南市和德州市等已形成以太阳能的研发、生产和技术转让为主的太阳能产业，已培育形成皇明集团、桑乐公司等多家太阳能生产企业，其产业化和应用位居世界领先水平，应进一步做大做强。

1. 太阳能产业基地

太阳能是真正无污染、可再生的，用之不尽、取之不竭的绿色能源。太阳能可以直接转化成热能，也可以通过太阳能电池的光伏效应转化为电能。太阳能利用包括太阳能光伏发电、太阳能热发电，以及太阳能热水器和太阳房等热利用方式。但可再生能源的利用要考虑到开发过程全生命周期的能耗及碳排放量，太阳能是可再生的低碳能源，但开发过程可能存在高碳排放现象。

济南、德州为主的这类地区，太阳能利用走在全国前列。光伏产业是实现碳达峰、碳中和"双碳"目标的主力军。太阳能热水器技术先进，其利用方式已由季节性、间歇式发展到全天候、连续性应用；中温集热器、太阳能热利用与建筑一体化技术开发取得实质性进展。总体来看，在太阳能光伏发电项目上，山东省已拥有了其核心开发技术，形成了推广发展太阳能光伏发电的技术储备。山东省太阳能利用要以太阳能热利用为主，重点发展平板集热器、玻璃真空集热管以及太阳热水系统的应用软件和硬件，在城市推广太阳能热水、采暖、空调等与建筑一体化技术和太阳能集中供热水工程，在农村和小城镇推广户用太阳能热水器、太阳房和太阳灶。同时加快在城市建筑物、公共设施和新建小区屋顶安装光伏发电示范装置，建设一批光伏和 LED 照明示范项目；推动大型光伏发电站建设，促进光伏发电规模化、产业化，开展太阳能热发电技术攻关，据悉美国加州帕萨迪纳全球性太阳能发电供应商 esolar 公司已与山东蓬莱电力设备制造有限公司签订帮助我国建立 200 万千瓦太阳能聚光热电机组的总代理协议，填补了我国在太阳能热电方面的空白。山东省要加大国际先进太阳能技术的引进，继续引领国内太阳能利用发展。

济南市的能源生产结构中太阳能发电的比重不断提高。根据济南市统计局能源统计数据显示，2020 年，济南太阳能发电 1.39 亿千瓦时，占济南市发电总量的 0.52%，同比增长 1.30%。德州市新能源产业起步较早，拥有"中国太阳城""国家火炬计划新能源特色产业基地"、国家新能源示范城市等多个名片。根据德州市发改委公布的数据，德州全年日照大于 2660 小时，日照率 61%，太阳总辐射量为每平方米 5229 兆焦，处于全国的较高值区。近年来，尤其是 2014 年以来，德州市借助本地丰富的太阳能资源，光伏项目不断开建。据闪电新闻报道，2021 年 11 月，德州市临邑县张家庙村光伏项目正式接入电网，这是山东省首个屋顶光伏规模化"集中汇流"项目，年发电量 300 余万千瓦时，可减少二氧化碳排放 2500 余吨。

山东省的太阳能产业居全国前列，应该围绕节能减排和新能源技术选择新经济增长点，应进一步以济南市、德州市为核心打造国家级太阳能产业基地。大力发展集中式和分布式光伏。在荒滩、矿坑等地开展集中式光伏，在其他地区开展整县（市、区）分布式光伏规模化开发试点，建成"百乡千村"低碳发展示范工程。推进工业厂房、商业楼宇、公共建筑、居民住宅等屋顶光伏建设，优先发展"自发自用"分布式光伏。

2. 传统产业高端化

传统产业仍然是德州、济南等地市国民经济的主体，新兴高新技术和服务业还需要它们积累资金、提供市场和培训技术人才。这些地区经济实力的增强仍需依赖现有产业的进一步发展。但低碳背景下，必须加快设备更新与节能减排技术进步，使传统产业获得新的发展手段。

低碳基础产业主要包括节能产业、环保产业以及清洁能源产业等，其中，核心是新能源产业发展。低碳基础产业是后金融危机时代新的经济增长点，山东大力发展低碳经济，首先就是要重点培育和扶持好这些低碳基础产业。

第一，大力发展环保产业。环保产业是包括环保产品制造、资源综合利用、环境服务等领域，涵盖制造业和服务业的新兴产业，是环境保护的重要物质基础和技术保障。山东环保产业发展潜力非常大，但由于投融资渠道单一、投资结构不合理、产业集中度低以及污水和垃圾处理收费机制不健全等原因，未来需要进一步引导和解决。当前及今后一段时期，关键要把环保产业作为"两型社会"建设的重要内容、新的经济增长点来谋划，特别是要把环保监测仪器等制造业和环境服务业作为未来发展的重点。

第二，积极开展节能产业。节能产业是新兴战略性产业之一，主要包括工业、建筑、家电、照明以及汽车节能等。在工业节能上，可以组建工业节能减排技术改造项目储备库；在建筑节能上，重点加强节能环保新材料、新工艺的研制；在家电节能上，推进高效节能家用电器的开发和生产；在照明节能上，加快开发新型紧凑型荧光灯、金属卤化物灯、LED灯和太阳能照明，在节能汽车上，加快新能源电动车研发力度，大力发展新能源汽车，抢占世界汽车发展制高点。

第三，发展清洁能源产业。清洁能源产业关联度高，对于改善能源结构、推动节能减排、提高能源利用效率作用明显，应力争把清洁能源产业打造成为山东新的支柱产业。在核电上，做好中长期发展规划编制工作，科学选址，有序推进，积极研发，带动核电项目和相关产业集群发展；在风能上，加快全省风能资源勘测力度，推进风电设备制造业发展；在生物质能上，力争自主掌握核心技术，与林业、森工有机结合，做好能源基地林建设；在太阳能上，积极稳妥推广太阳能热利用产品应用，发展太阳能热产业集群，同时加快光伏产业发展步伐，开辟光伏产业发展新路。

节能减排是发展低碳经济的重要环节，而传统产业是碳排放的大户，因此，要利用低碳经济的理念改造提升传统产业，加快推进传统产业低碳化，钢铁、有色金属、石油化工、装备制造业等是山东的传统支柱产业，这些产业多为高耗能、高排放产业，是节能减排的压力所在。在推进传统产业低碳化过程中，要重点抓好石化、钢铁、有色等重点行业和企业的节能减排，加快节能减排技术研发、推广和应用，科学规划产业发展，做好"去产能化"工作，同时探索形成有利于促进节能减排的长效机制。

高新技术产业是低能耗、低污染、高技术含量、高附加值的产业，是低碳经济发展模式中潜力巨大、前景广阔的产业之一。山东要充分利用科教优势，关键要在推进产业化上下功夫。以国家级高新区为主要载体，围绕电子信息、光伏产业等重点和优势领域，加快实施一批高新技术产业化重大项目。要完善智力资本股权激励政策，引导科研人才走向市场，创办科技型企业，加快培育、壮大一大批高新技术企业，不断提升高新技术产业国际竞争力。

目前，发达国家和地区都将现代服务业作为产业发展重点，以此促进经济与环境的和谐可持续发展。山东省现处于工业化中期，从产业发展的演进过程看，在较长一段时期内，服务业仍无法超越工业成为引领国民经济发展的主导力量。但是面对高碳经济发展的能源、环境压力，山东省必须加快服务业，特别是现代服务业的发展步伐，将其作为一股强有力的推力，促进产业结构快速转型。

现代服务业包括金融商业、软件信息、旅游会展、文化教育等行业，目前这些行业在山东省的发展规模和档次与北京市、上海市、广东省、浙江省、江苏省等先进省市仍有较大差距。作为我国工业、农业、人口大省，山东省无论在发展生产性服务业还是生活性服务业上市场前景都非常广阔，重点是转变发展观念，加强对现代服务业发展的重视与扶持。要突出抓好现代物流和文化旅游两大优势产业，同时加大金融保险、软件信息、会展商贸等新兴服务业的培育，率先在济南市和青岛市两大服务业龙头城市，打造高端服务业集群，在其他地区加快发展特色服务业。

此外，交通运输、商贸餐饮两大传统支柱服务业，相对工业行业较为低碳，但与新兴服务业相比，单位增加值的碳排放是较高的。随第一、第二产业规模的扩大，人民生活水平的提高，这些基础服务业的规模还将进一步扩大，如果不对其能效水平提出更高要求，其能耗增长速度也将非常迅速。因此，要从技术、管理、政策多方面加强这些行业的现代化改造，全面促进现代服务业发展。

6.3.3 生物质能能源基地+高碳产业低碳化转型

淄博市、枣庄市等能源消耗与碳排放量名列全省前茅。这些地市的支柱产业多是钢铁、有色金属、石油化工等重化工业，这些产业多为高耗能、高碳排放产业。应利用低碳经济的理念改造提升传统产业，加快推进高碳产业低碳化，重点抓好石化、钢铁、有色等重点行业和企业的节能减排，加快节能减排技术研发、推广和应用，积极改变高碳发展模式。在严格控制传统高耗能产业的新增产能的同时应积极发展低碳工业。通过积极发展节能工业，重视绿色制造，鼓励循环经济等措施促进低碳工业的发展。以产业结构调整为重点，加快落后产能淘汰，加大先进节能技术与新能源技术应用。

1. 生物质能能源基地

生物质能即生物能，是植物生物质通过光合作用将太阳能转化成化学能并以有机物形式储存在生物体内的一种能量形式。生物质能是载体能量，直接或间接来源于植物的光合作用。生物质能具有可再生性，是最安全、最稳定的新能源，而且还可以通过一系列转换技术生产出不同形态和不同品种的能源。

山东省生物质能丰富，要充分利用生物质资源，提高生物质资源的能源化水平。菏泽、枣庄等地应坚持因地制宜，推进生物质能的发展。结合县域经济发展和新型城镇化建设规划，科学布局生活垃圾焚烧发电项目。有序推进生物质热电联产项目建设，鼓励现有农林生物质直燃电厂实施供热、供冷改造，推进大型燃煤机组耦合生物质项目建设。积极推进生物质非电利用，科学布局分布式生物质成型燃料收集、加工和销售基地，鼓励发展生物质锅炉供热模式；支持生物质天然气试点建设，加快生物质天然气产业化发展。

2. 高碳产业低碳转型

高碳产业低碳化应以产业结构、产业组织和产业技术政策为导向，实现高碳产业低碳化发展。高碳产业低碳化是建立低碳化发展体系的核心内容，是发展低碳经济的重点。

工业低碳化主要是发展节能工业，重视绿色制造，鼓励循环经济等措施。

（1）发展节能产业，提高能源效率，改善能源结构。

发展节能产业。节能工业包括工业结构节能、工业技术节能和工业管理节能三个方面。通过调整产业结构，促使工业结构朝着节能降碳的方向发展。着力加强管理，提高能源利用效率，减少污染排放。主攻技术节能，研发节能材料，改造和淘汰落后产能，快速有效地实现工业节能减排目标。

在工业化进程中，提高能源效率是减少碳排放最为有效的方式，提升能源产出效率，以尽可能少的能源消耗创造尽可能多的经济社会环境效益。一定要把能源产出率放在优先位置，大力提升节能工作效能。通过把能源产出率作为重要标尺，融入能源开发利用全过程和各领域，有利于从源头上大幅降低能源消耗、污染物和碳排放负荷，大量节约末端治理投资。电力方面，火电生产中要上大规模的火电厂，用超临界、超超临界发电技术使单位度电的排放量降到最低。针对高能耗行业，如石油、煤炭及其他燃料加工业，化学原料和化学制品制造业，非金属矿物制品业，黑色金属冶炼和压延加工业，有色金属冶炼和压延加工业，电力、热力生产和供应业等行业，应根据生态环境部发布的《关于加强高耗能、高排放项目生态环境源头防控的指导意见》要求，严把新建、改建、扩建高耗能、高排放项目的环境准入关，在"两高"项目环评中率先开展碳排放影响评价试点。

（2）积极研发低碳技术。

科学技术是发展低碳工业的强劲动力和重要支撑，低碳技术的创新能力，在很大程度上决定山东省能否顺利实现低碳经济发展。整合各类专项资金如科技攻关、产业技术研究与开发、产业技术创新等专项资金，重点支持发展低碳经济共性和关键技术的科研攻关。为此，要完善人才培养机制，大力培养科技创新人才；改革科技体制，构建科研机构、高等院校和企业组成的技术研发平台；加大政策和资金支持力度，重点抓好节能和清洁能源、煤的高效利用、油气资源和煤层气的勘探开发、可再生能源、核能等领域的新技术；加快低碳技术的转化，建立向低碳转变的技术研发机制，吸引风险资本投资低碳技术，设立低碳工业园区。

（3）大力推行清洁生产和循环经济。

清洁生产是一种物料和能耗最少的生产活动，在生产过程中实现废物减量化、资源化和无害化。清洁生产是绿色生产方式，即绿色生产模式，是实现低碳经济发展的重要途径。工业循环经济，一是要在生产过程中，物质和能量在各个生产企业和环节之间进行循环、多级利用，减少资源浪费，做到污染"零排放"；二是要进行"废料"的再利用，充分利用每一个生产环节的废料，把它作为下一个生产环节的或另一部门的原料，以实现物质的循环使用和再利用。三是要使产品与服务非物质化。产品与服务的非物质化是指用同样的物质或更少的物质获得更多的产品与服务，提高资源的利用率。

（4）重视绿色制造，严格限制高能耗产业的发展。

重视绿色制造。绿色制造是综合考虑环境影响和资源效益的现代化制造模式，其目标是使产品从设计、制造、包装、运输、使用到报废处理的整个产品生命周期中，对环境的影响最小，资源利用率最高，从而使企业经济效益和社会效益协调优化。"十四五"期间必须要抑制高耗能产业的扩张，因为这些高耗能产业本身已经存在产品饱和的问题，再增加投资，将来有重复建设、产能过剩的风险，而且这些产业都是能耗大户和温室气体排放的重要来源。2021年9月，山东省政府办公厅印发《坚决遏制"两高"项目盲目发展的若干措施》，对高能耗产业的发展提出指导意见。全力落实《全省落实"三个坚决"行动方案（2021-2022年）》，重点抓好煤电、炼化、钢铁、焦化、水泥产能产量压减，加快推动铸锻行业违规新增钢铁产能问题专项整治。实施"两高"项目企业末位淘汰，开展单位能耗产出效益综合评价和亩产效益评价，对行业排名后10%的企业列入特别公示企业名单，由各市责令限期整改，倒逼转型升级；对"僵尸企业"加快清理退出。

严格控制高耗能支柱产业总量规模，防止低水平产能重复建设。化学工业要严格控制氯碱、纯碱、化肥、农药、轮胎、原油一次加工等初级产品的生产规模，防止低水平产能重复建设。充分利用石油、煤炭、海盐等资源优势，加大精深加工产品的开发，促进石油化工、煤化工、盐化工、氟硅化工产业链条向高端的精细化工、新材料产品发展。重点培植胶东半岛石油化工产业集群、黄河三角洲生态经济区盐化工集群、鲁南经济带煤化工集群。

冶金工业要严格控制粗钢、粗铜、电解铝、氧化铝、电解铜等初级产品的生产规模，加快精深加工产品的研发与生产。钢铁工业要以建设日照钢铁精品基地为契机，加快省内钢铁企业的联合重组和落后产能淘汰，重点开发生产高速铁路用钢、高等级造船板、高档汽车板、家电板、高强耐磨机械制造用板、优质合金结构钢等符合市场需要、具有比较优势的高端产品。有色金属工业要围绕航空航天、交通运输、包装、印刷、建筑装饰、电子家电、军工、新材料八大领域，大力发展铝、铜深加工，重点发展高精铝板带箔、铝合金压铸件以及管、棒、型、线等系列产品。

建材工业要严格控制水泥、玻璃、陶瓷等高耗能产品的生产规模，积极发展节能、节材、多功能的新型建筑材料，鼓励建筑工业利用煤矸石、粉煤灰、赤泥、矿渣、选矿尾矿、建筑垃圾等废弃物以及河湖海淤泥、淤沙等为主要原料生产利废环保建材。

严格产业准入门槛，加快高耗能行业落后产能淘汰。严格执行《产业结构调整指导目录（2019年本）》，从节能、环保等方面提高产业准入门槛。重点行业每年制订落后产能淘汰计划与方案，加快落后产能淘汰。"十四五"期间，山东省将依法淘汰低效落后产能，精准聚焦钢铁、炼化、焦炭、水泥、轮胎、化工6个重点行业。

积极发展低碳工业。低碳工业是以低能耗、低污染、低排放为基础的工业生产模式，是人类社会继农业文明、工业文明之后的又一次重大进步。低碳工业实质是能源高效利用、清洁能源开发、追求绿色GDP的问题，核心是能源技术和减排技术创新、产业结构和制度创新以及人类生存发展观念的根本性转变。作为具有广泛社会性的前沿经济理念，低碳工业也涉及广泛的产业领域和管理领域，乃至人们的生活观念和方式。

6.4 低碳发展政策支撑

山东省在发展循环经济、推进节能减排等方面已经做出了一系列努力，包括相关政策法规的完善、重点领域的专项行动、节能工作的监管考核等，为低碳经济发展奠定了一定的基础。

在低碳政策体系建设方面，强制性的落后产能淘汰、节能改造补贴奖励政策相对完善，但利用经济手段与市场手段刺激节能降耗、促进清洁能源开发利用的政策方案仍不多。

在低碳发展考核方面，山东省将节能减排工作纳入经济社会发展综合评价体系，作为领导干部综合考核评价和企业负责人业绩考核的重要内容，同时着重对重点用能企业加大考核管理。近几年，山东省对市能耗强度考核指标以外新增能耗增量控制指标。国家层面对能耗考核不断加强。2021年9月国家发展改革委印发了《完善能源消费强度和总量双控制度方案》，提出要严格制定各省能源双控指标，推行用能指标市场化交易，以及完善管理考核制度等方面。

6.4.1 低碳发展政策

制定合理的政策是保证低碳经济目标转化为具体行动的保障。由于政府行为和市场机制在经济运行中具有不可替代的作用，所以在制定低碳经济政策时要通过市场和政府两种力量协调各经济体的利益，既应该包括利益驱动和激励等方面的政策，还应该包括利益确认和利益保障方面的制度（徐玖平等，2011）。也就是说，低碳发展政策应该具有市场和行政两重特性，而且政策工具应该明晰简洁并具有稳定性和持续性。

1. 低碳经济政策

控制好能源价格杠杆，通过调整能源价格来实现能源节约和能源替代。提高能源产品的资源税率，迫使低效企业退出市场，减少对能源的过度利用，提高能源利用效率。

减少对高耗能行业的补贴和税收优惠。提高高耗能企业的生产成本和产品价格，从而促使高耗能行业减少资源利用和提高资源效率。

对热电联产等项目税收优惠。建立合理的热电联产—电力定价规则，与燃料成本挂钩，确保联合生产与分别生产相比具有经济优势。给予热电联产税收优惠和简便的审批程度的政策性建议措施，鼓励提高能源的生产与使用效率。对节能设备实施加速折旧。

采用针对合同能源管理的激励政策。合同能源管理是指节能服务公司为企业提供的一种全新节能服务模式，为供客户提供系统节能服务，向客户保证实现合同中所承诺的节能量和节能效益，在合同期内，其收益与节能量直接挂钩，与客户分享节能效益，合同结束后企业得到全部设备和节能效益。对这种合作模式要进行鼓励。

2. 市场机制调控政策

建立高耗能行业关键节能技术合作机制。发展技术评估平台。在现有能源审计数据库的基础上，对重点用能单位的技术应用现状和能源利用效率水平进行评估，评估企业技术水平、找出能源利用存在的问题、预测节能潜力、识别关键技术需求。成立技术转让中心。加强与国内外先进技术持有单位的合作交流，在知己知彼的前提下加强国际合作，引进先进技术，并促进技术在行业内企业间的推广和扩散。成立节能基金与碳基金。由政府出资成立节能基金与碳基金公司，以企业模式运作，致力于低碳技术的开发，帮助和促进企业和公共部门利用现有技术制定并实施投资效益高的减排措施，提高能源利用效率；通过信息传播和咨询活动，向社会公众和企业提供促进低碳经济发展的信息。制定排放强度目标约束，探讨建立区域节能和碳排放交易系统。使企业之间、企业与政府之间建立一种市场机制，通过区域节能和碳排放交易系统来买卖节能指标和碳减排量，从而使节能成本达到最小化。

3. 强制型与鼓励型政策

继续推广已有的"政府令、法规、条例、统计、考核与监测，许可证，能耗标准，其他相关标准和规范，补贴，价格杠杆，信贷支持，财政激励，专项科研基金，政府采购，其他市场政策，加强宣传与教育，自愿协议，能源管理培训、节能技术、产品展会"等政策措施。开展"碳中和"环保行动。所谓"碳中和"（carbon neutral）是指人们（包括单位、企业、个人）计算自己日常活动（生产）直接或间接制造的二氧化碳排放量，并计算抵消这些二氧化碳所需的经济成本，然后付款给专门企业或机构，由他们通过植树或其他环保项目抵消大气中相应的二氧化碳量，以达到降低温室效应的目的。"碳中和"作为环保人士倡导的一种理念，已经获得了越来越多政府和民众的支持。如英国正在筹建的"碳中和"生态村，要求所有建筑都达到"碳中和"绿色标准。政府应呼吁广大企业和公众参与"碳中和"环保行动，并设立专门的机构负责该项计划的管理和运作。

修正经济考核指标体系。现有的经济考核指标主要围绕GDP核算体系设定，然而这种考核指标体系太过关注经济发展，往往忽视了经济发展对资源、能源和环境的影响，容易过高地估计经济规模和经济增长，而地方在经济指标的驱动下，容易单一地追求经济增长而造成资源能源的粗放型消耗以及对环境的破坏。经济发展的低碳转型，必须修正现有的经济考核指标体系，将"低碳"与"发展"的共同理念和元素融入指标体系，引入资源、能源节约和生态环境保护的指标，从而避免经济发展中对环境问题的忽视，也减少地区间在节能减排评价方面的不公平性。

6.4.2 低碳考核政策

1. 继续实施政府节能考核与重点用能企业考核管理

由于经济的快速增长过度依赖能源消耗，我国能源弹性系数比较高。针对能源消费过快、环境污染加剧的问题，我国在2015年10月党的十八届五中全会中提出"能耗双控"的概念。将能源消耗总量和单位GDP能耗指标作为控制目标，对各级地方政府进行监督考核；把节能指标纳入生态文明、绿色发展等绩效评价指标体系，引导转变发展理念；对重点用能单位分解能耗双控目标，开展目标责任评价考核，推动重点用能单位加强节能管理。事实证明，"能耗双控"发挥了重要作用，有效控制了能源消费速度。

二氧化碳排放主要来自化石能源燃烧，因此控制能源消费、促进单位GDP能耗下降就能有效实现单位GDP碳排放下降。山东省单位GDP能耗在全国处于中上水平，但16市能效水平差异较大，要继续加强政府节能考核管理，要求各市严格落实国家节能目标，有条件的地方制定更高的节能目标。以重点用能企业考核管理为重要手段，逐步扩大国家级、省重点及省市两级政府重点考核企业范围，为推广节能技术应用、开展低碳模式示范提供发展条件。

2. 将低碳建设评估纳入政府工作绩效考核

区域碳排放还与能源消费结构相关，清洁能源消费比重、二次能源消费结构等因素都将直接影响单位能源碳排放因子，进而影响单位GDP碳排放强度。由于传统行业生产方式粗放、能耗高，实现碳达峰碳中和的压力更大，山东省应该确定更高的减碳目标。为切实推进全省低碳经济建设，顺利完成发展目标，有必要将低碳建设评估同节能减排一样纳入政府工作绩效考核，重点对单位GDP碳排放、零碳/低碳能源占一次能源比重、单位能源二氧化碳碳排放因子以及低碳政策指标进行考核评估。

成立省、市两级低碳建设工作领导小组，由省级部门完成全省16市碳排放总量、单位GDP碳排放、零碳能源占一次能源比重、单位能源二氧化碳排放因子等指标的统一测算，市级政府以国家及山东省低碳经济建设方针为指导，根据各市实际情况与发展特点，制定低碳经济发展规划、低碳经济激励措施、低碳经济建设示范、低碳经济统计监管等具体工作任务，并将工作成果定期上报省级部门以供考核全省整体发展水平。要求从现在开始，省、市两级政府都要将低碳建设及其发展目标纳入国民经济与社会发展计划中，明确在不同阶段的工作任务与发展目标。

3. 落实单位GDP碳排放指标的任务分解

为顺利完成节能减排目标，必须对该指标作任务分解，即对不同行业、不同地区制定相应的碳减排发展目标。从单位GDP能耗指标初步判断，淄博市、枣庄市、聊城市、济宁市、日照市、德州市、泰安市等地区的单位GDP碳排放强度相对胶东半岛城市如青岛市、威海市、烟台市等地市是较高的，主要原因是全省高耗能行业主要集中在这些城市。而高耗能行业具有很大的技术节能减碳潜力和减排成本优势，因此要着力抓好对这些地区的高耗能行业开展低碳化改造，使高碳城市的单位GDP碳排放实现大幅下降。

指标分解包括按行业分解和按地区分解，建议以地区为指标分解单位，以各地行业减碳潜力确定指标分解量。应对各市高耗能行业规模与能效水平的摸底调查，并预估新增产能规模与清洁能源新增规模，由各市低碳工作部门上报省级政府部门。然后由省级政府部门制定高耗能行业、建筑运行、公路交通等领域的能效发展目标，确定各市现状碳减排潜力与新增碳排放量。最后，省级政府部门确定各市单位GDP碳排放指标及重点行业能效水平发展目标，市级部门依据发展目标，指导产业结构调整与重点领域技术改造，每年上报指标完成情况。

第7章 结论与展望

本书在吸收环境经济学、能源经济学、区域经济学等理论基础及国内外低碳经济发展模式研究综述的基础上,提出了低碳经济和区域低碳经济发展模式核心内涵,结合国内外低碳经济发展模式的经验,在明了山东省低碳发展现状的基础上,对16市进行分类,根据不同类别的特征,提出了不同区域低碳经济发展的模式选择和实施对策。本书的主要结论包括以下方面。

7.1 主要结论

低碳经济概念有广义和狭义之分。从广义角度讲,所谓低碳经济就是以低能耗、低排放、低污染为特征的社会经济发展模式,以减少温室气体排放为目标,通过建立以低碳为特征的生产体系、消费模式,通过研发低碳技术支撑体系,建立有利于减少温室气体排放的政策、法律、管理体系发展低碳经济。从狭义角度讲,低碳经济(low carbon economy)是以消耗低碳燃料和清洁能源为主,追求温室气体尤其是二氧化碳最小化排放的发展,是一种高能效、低资源消耗和低温室气体排放的经济模式。发展低碳经济应充分发挥政府、企业和公众三个主体的积极作用。

发达国家低碳经济模式着重点是低碳技术领域,发展中国家关注节约能源和调整能源结构。对国外经济发展模式主要分析了英国、德国、美国、日本等发达国家的发展经验以及印度、俄罗斯、巴西等发展中国家的发展模式。针对这些国家发展低碳经济的突出特征对他们的低碳发展模式进行了概括并总结了这些模式对我国发展低碳经济的启示。国内区域低碳经济发展模式主要是针对低碳城市实践进行总结。

山东省低碳经济面临严峻挑战同时也存在机遇。从地理区位、社会条件、经济状况、能源消耗与碳排放等方面对山东省发展低碳经济的态势做了分析。山东省是人口大省和经济大省，能源消耗量和碳排放量位居全国前列。本书通过一定的计量方法计算山东省历年来的碳排放量，并对碳排放的影响因素进行了分析，结论是产业结构偏重化工业和高碳单一能源使用是导致山东省碳排放量居高不下的关键因素。

山东省低碳竞争力居全国中等水平，区域内低碳发展水平存在差异。在综合国内低碳经济发展水平指标体系构建经验的基础上，通过选择低碳指标，运用主成分分析方法建立了综合指标体系，得出山东省低碳发展在全国处于中等水平，从发展趋势分析低碳发展水平一直在提高。通过聚类分析方法，将16市划分为不同发展水平的三大类。其中，青岛市、烟台市、威海市、东营市4市属于低碳发展水平较高的地市，济南市、菏泽市、临沂市、滨州市、潍坊市等7市低碳中等发展水平；淄博、枣庄、济宁等5市属典型的高碳发展模式。

山东省低碳经济发展模式的选择。从山东省现状特征及历史传承角度分析，山东省应该选择的是政府主导下以节能减排为核心的低碳经济模式。具体到16市，根据不同的低碳发展水平，结合各地市的具体能源基础、技术条件等的差异，从产业结构和新能源开发角度制定了不同的低碳经济发展模式和相应的对策。青岛市、烟台市、威海市、东营市4市"核能、风能新能源产业基地+新兴低碳产业"发展模式，济南市、菏泽市、临沂市、滨州市等7市"太阳能产业基地+传统产业高端化"模式；淄博市、枣庄市、济宁市等5市"生物质能产业基地+高碳产业低碳化"模式。

7.2 本书创新点

第一，对低碳经济及其发展模式的相关理论研究。低碳经济目前尚未形成完善的理论体系，在很多方面仍存在较大的争议。本书对低碳经济内涵、发展阶段及动力都进行了分析，并对低碳经济发展模式进行了类型划分和界定。

第二，从区域角度对低碳发展模式展开研究。当前大多数的低碳经济研究成果集中在国家层面。其实，对于一个国家低碳发展的研究不仅需要国家层面评估，还需要从区域格局变化来把握。在二氧化碳减排和低碳经济发展工作中，地方政府是重要的管理者和实施者，因此，从省区级层次上对我国低碳经济发展进行研究具有重要意义，制定的相关政策也更具有明确的针对性和更为良好的可操作性。

第三，实证研究了山东省低碳经济模式选择。本书对山东省低碳经济发展模式进行了较详尽的研究，为山东省低碳经济的发展提供了借鉴。本书还针对山东省不同低碳发展水平的类型区进行了低碳经济模式的研究，为同类型区域低碳经济模式选择提供了一定的借鉴。

7.3 研究展望

虽然本书写作过程中，笔者力求做到有所突破，但由于个人学术能力所限及资料所限，本书仍有诸多不足之处，研究不够全面，深度有待加强。今后应在以下方面继续展开研究。

1. 多角度研究

本书研究主要着重于区域层面的研究，没有涉及企业、园区及社会层面的低碳经济发展模式研究。其次，本书研究没有涉及产业层面的发展模式，工业、农业、第三产业低碳发展模式应该如何选择，今后还需加强研究。

2. 低碳支撑体系的研究

低碳经济发展起始阶段其动力主要来源于政府的推动，对于升级区域来说，政府法律法规政策是政府引导低碳经济的主要工具。今后需要强化该方面的研究。

3. 碳减排与工业化、城市化关系研究

发达国家是在工业化和城市化完成后进行碳减排，而我国正处于工业化和城市化的快速进程中，目前阶段的碳减排对工业化和城市化的影响到底有多大，如何协调碳减排与工业化和城市化的关系也是需要研究的。

低碳经济是人类面临生存危机时必然选择，也是传统经济模式在资源环境约束加强背景下转型的必由之路。低碳经济是涉及生产方式、消费方式、理念等方面的系统工程，不仅需要政府、企业、公众等各个主题的共同努力，更需要区域之间协调各方面的利益，达成共同减排的共识。相信随着世界人民低碳共识的形成和各国政府对低碳经济的重视，人类应该能摆脱困境，走上可持续发展之路。

参 考 文 献

[1] 鲍尔丁. 未来宇宙飞船的地球经济学 [M]. 北京：科学出版社，1966.

[2] 鲍健强等. 低碳经济：人类经济发展方式的新变革 [J]. 中国工业经济，2008（4）.

[3] 鲍健强，苗阳，陈锋. 低碳经济：人类经济发展方式的新变革 [J]. 中国工业经济，2008（4）：153－160.

[4] 布莱恩·费根. 大暖化——气候变化怎样影响了世界 [M]. 北京：中国人民大学出版社，2009.

[5] 陈栋生. 区域经济学 [M]. 北京：中国人民出版社，2002（5）.

[6] 陈柳钦. 低碳经济：一种新的发展模式 [J]. 中南林业科技大学学报，2010（2）.

[7] 陈柳钦. 低碳能源：中国能源可持续发展的必由之路 [J]. 中国市场，2011（33）.

[8] 陈柳钦. 低碳消费：一种可持续的消费模式 [J]. 环境保护与循环经济，2010（9）.

[9] 陈晓春等. 浅谈低碳经济下的消费引导 [J]. 消费经济，2009（4）.

[10] 陈英姿，李雨彤. 低碳经济与我国区域能源利用研究 [J]. 生态环境与保护，2009（7）.

[11] 陈迎. 中国低碳经济的挑战与转型策略 [J]. 环境保护，2009（24）.

[12] 程启智，汪剑平，李华. 省域经济发展模式—概念与类型 [J]. 当代经济，2009（23）.

[13] 迟福林. 对低碳经济的认识应该把握三个要点 [N]. 新华日

报，2009-12-29（7）.

［14］崔长彬. 低碳经济模式下中国碳排放权交易［D］. 石家庄：河北师范大学，2009.

［15］崔大鹏. 国际气候合作的政治经济学分析［M］. 北京：商务印书馆，2003.

［16］戴彦德. 实现单位GDP能耗降低20%目标的途径和措施建议［J］. 中国工业经济，2007（4）.

［17］德国应对气候变化、发展低碳经济的政策措施［EB/OL］. 国际能源网，2008-10-12，http：//www.in-en.com/finane/html/energy_202602642245360.html.

［18］邓华，段宁. "脱钩"评价模式及其对循环经济的影响［J］. 中国人口·资源与环境，2004，14（6）.

［19］董小君. 低碳经济的丹麦模式及其启示［N］. 国家行政学院学报，2010（3）.

［20］冯之浚. 关于推行低碳经济促进科学发展的若干思考［N］. 光明日报，2009，4（21）.

［21］冯之浚，金涌，牛文元等. 关于推行低碳经济促进科学发展的若干思考［N］. 光明日报理论版，2009-04-21（8）.

［22］付加锋，庄贵阳，高庆先. 低碳经济的概念辨识及评价指标体系构建［J］. 中国人口·资源与环境，2010（8）.

［23］付允等. 低碳经济的发展模式研究［J］. 中国人口·资源与环境，2008（3）：14-18.

［24］高洪深. 区域经济学［M］. 北京：中国人民大学出版社，2005（3）.

［25］郭代模，杨舜娥，张安宁. 我国发展低碳经济的基本思路和财税政策研究［J］. 经济研究参考，2009（58）.

［26］郭万达等. 低碳经济：未来四十年我国面临的机遇与挑战［J］. 开放导报，2009（4）.

［27］郭万达等. 政府在低碳城市发展中的作用［J］. 开放导报，2009（6）.

［28］郭印，王敏洁. 国际低碳经济发展经验及对中国的启示［J］. 改革与战略，2009（10）.

［29］郭印，王敏洁．国际低碳经济发展现状及趋势［J］．生态经济，2009（11）．

［30］国家发改委能源研究所．中国2050年低碳发展之路［M］．北京：科学出版社，2009．

［31］国家发展和改革委员会能源研究所课题组：中国2050年低碳发展之路［M］．北京：科学出版社，2009．

［32］国务院发展研究中心应对气候变化课题组．当前发展低碳经济的重点与政策建议［J］．中国发展观察，2009（8）．

［33］何介南，康文星．湖南省化石燃料和工业过程碳排放的估算［J］．中国林业科技大学学报，2008，28（5）．

［34］洪燕真，刘燕娜，余建辉．基于链环回路模型的低碳技术创新发展策略［J］．中国人口·资源与环境，2011（9）．

［35］胡鞍钢．"绿猫"模式的新内涵［J］．世界环境，2008（2）．

［36］吉登斯．气候变化的政治［M］．北京：科学文献出版社，2009．

［37］冀东新．积极应对危机，努力保持出口份额［J］．宏观经济管理，2009（12）．

［38］姜克隽．中国发展低碳经济的成本优势［J］．绿叶，2009（5）．

［39］金乐琴等．低碳经济与中国经济发展模式转型［J］．经济问题探索，2009（1）．

［40］金涌等．低碳经济：理念·实践·创新［J］．中国工程科学，2008（9）．

［41］金涌，王垚，胡山鹰等．低碳经济：理念·实践·创新［J］．中国工程科学，2008（9）．

［42］科斯．企业、市场与法律［M］．上海：上海三联书店，1990．

［43］雷鹏．低碳经济发展模式论［M］．上海：上海交通大学出版社，2011．

［44］李军鹏．低碳政府理论研究的六大热点问题［N］．学习时报，2010-05-25（5）．

［45］李青等．区域创新视角下的产业发展［M］．北京：商务出版

社，2009.

［46］李伟. 我国循环经济的发展模式研究［D］. 西安：西北大学，2009.

［47］李晓燕，邓玲. 城市低碳经济综合评价探索［J］. 现代经济探讨，2010（2）.

［48］李友华，王虹. 中国低碳经济发展对策研究［J］. 哈尔滨商业大学学报（社会科学版），2009（6）.

［49］林伯强等. 中国二氧化碳环境库兹涅茨曲线预测及影响因素分析［J］. 生态环境与保护，2009（9）.

［50］林伯强. 现代能源经济学［M］. 中国财政经济出版社，2007.

［51］林伯强. 中国低碳转型［M］. 北京：科学出版社，2011（3）.

［52］刘传江. 低碳经济发展的制约因素与中国低碳道路的选择［J］. 吉林大学社会科学学报，2010（5）.

［53］刘传江，王婧等. 生态文明的产业发展［M］. 北京：社会科学文献出版社，2011.

［54］刘倩. 山东省发展低碳经济的对策研究［D］. 济南：山东师范大学，2010.

［55］刘卫东，陆大道，张雷等. 我国低碳经济发展框架与科学基础：实现2020年单位GDP碳排放降低40%～45%的路径研究［M］. 北京：商务出版社，2010.

［56］刘细良. 低碳经济与人类社会发展［N］. 光明日报，2009，4（21）.

［57］刘兆征. 我国发展低碳经济的必要性及政策建议［J］. 中共中央党校学报，2009（6）.

［58］罗伯特·S. 平迪克，丹尼尔·L. 鲁宾菲尔德. 微观经济学（第七版）［M］. 北京：中国人民大学出版社，2009.

［59］马忠海. 中国几种主要能源温室气体排放系数的比较评价研究［D］. 北京：中国原子能科学研究院，2003.

［60］倪外. 基于低碳经济的区域发展模式研究［D］. 上海：华东师范大学，2011.

[61] 潘家华. 怎样发展中国的低碳经济 [J]. 绿叶, 2009 (5).

[62] 潘家华. 怎样发展中国的低碳经济 [J]. 生态环境与保护, 2009 (9).

[63] 潘家华, 庄贵阳, 陈迎. 减缓气候变化的经济分析 [M]. 北京: 气候出版社, 2003.

[64] 潘家华, 庄贵阳. 低碳经济的概念辨识及核心要素分析 [J]. 国际经济评论, 2010 (4).

[65] 潘家华, 庄贵阳, 朱守先. 构建低碳经济的衡量指标体系 [EB/OL]. 浙江日报 (杭州) 中国社科院城市发展与环境研究所, 2010 (4).

[66] 彭觅, 吕斌, 张纯, 黄斌. 中国能源碳排放的区域差异及其影响因素分析 [J]. 城市发展研究, 2010 (7).

[67] 齐敏, 徐天祥. 山东省能源消费二氧化碳排放分析 [J]. 中国人口·资源与环境, 2010 (20).

[68] 裘苏. 浙江省低碳经济发展模式探讨——日本和台湾经验借鉴 [J]. 开放导报, 2009 (6).

[69] 任福兵, 吴青芳, 郭强. 低碳社会的评价指标体系构建 [J]. 科技与经济, 2010 (4).

[70] 任卫峰. 低碳经济与环境金融创新 [J]. 上海经济研究, 2008 (3).

[71] 世界自然基金会上海低碳发展路线图课题组. 2050 年上海低碳发展路线图 [M]. 北京: 科学出版社, 2011.

[72] 宋德勇等. 我国发展低碳经济的政策工具创新 [J]. 生态环境与保护, 2009 (9).

[73] 宋涛, 郑挺国, 佟连军. 环境污染与经济增长之间关联性的理论分析和计量检验 [J]. 地理科学, 2007, 27 (2).

[74] 谭志雄, 陈佳敏. 中国低碳城市发展模式与行动策略 [J]. 中国人口·资源与环境, 2011 (9).

[75] 王克群. 从我国实际出发发展低碳经济 [J]. 财会研究, 2009 (23).

[76] 王毅. 中国低碳道路的战略取向与政策保障 [J]. 绿叶, 2009 (5).

[77] 王铮, 朱永彬, 刘昌新, 马晓哲. 最优增长路径下的中国碳排放估计 [J]. 地理学报, 2010, 65 (12).

[78] 王铮, 朱永彬. 我国各省区碳排放量状况及减排对策研究 [J]. 战略与决策研究, 2008, 23 (2).

[79] 王中英, 王礼茂. 中国经济增长对碳排放的影响分析 [J]. 安全与环境学报, 2006, 6 (5).

[80] 伍华佳. 中国高碳产业低碳化转型产业政策路径探索 [J]. 社会科学, 2010 (10).

[81] 邢继俊. 低碳经济报告 [M]. 北京: 电子工业出版社, 2010.

[82] 邢继俊. 发展低碳经济的公共政策研究 [D]. 武汉: 华中科技大学, 2009.

[83] 熊焰. 低碳转型路线图 [M]. 北京: 中国经济出版社, 2011.

[84] 徐冬青. 发达国家发展低碳经济的做法与经验借鉴 [J]. 世界经济与政治论坛, 2009 (6).

[85] 徐国泉, 刘则渊, 姜照华. 中国碳排放的因素分解模型及实证分析: 1995－2004 [J]. 中国人口·资源与环境, 2006 (6).

[86] 徐玖平, 胡知能等. 循环经济系统规划理论与方法及实践 [M]. 北京: 科学出版社, 2008 (11).

[87] 徐玖平, 卢毅. 低碳经济引论 [M]. 北京: 科学出版社, 2011 (4).

[88] 徐瑞娥. 当前我国发展低碳经济政策的研究综述 [J]. 经济研究参考, 2009 (66).

[89] 薛进军. 低碳经济学 [M]. 北京: 社会科学文献出版社, 2011.

[90] 亚瑟·赛斯尔·庇古. 福利经济学 [M]. 上海: 上海财经出版社, 2011 (4).

[91] 杨淑霞, 唐明润. 我国区域低碳经济发展模式选择 [J]. 国家行政学院学报, 2010 (5).

[92] 杨志, 张欣潮. 生态资本与低碳经济 [M]. 北京: 中国财政经济出版社, 2011.

[93] 查冬兰, 周德群. 地区能源效率与二氧化碳排放的差异性——基于 Kaya 因素分析 [J]. 系统工程, 2007, 25 (11).

[94] 张爱军, 李晓丹. 我国发展低碳经济的政策选择 [J]. 宏观经济管理, 2010 (1).

[95] 张春华. 低碳经济: 气候变化背景下的发展之路 [J]. WTO 经济导刊, 2009 (1).

[96] 张德英. 我国工业部门碳源排碳量估算方法研究 [D]. 北京: 北京林业大学, 2005.

[97] 张可云, 张理芃. 国外低碳经济理论争议和政策选择比较 [J]. 经济学动态, 2011 (1).

[98] 张坤民, 潘家华, 崔大鹏. 低碳经济论 [M]. 北京: 中国环境科学出版社, 2008.

[99] 张雷. 经济发展对碳排放的影响 [J]. 地理学报, 2003, 58 (4).

[100] 张雷. 中国一次能源消费的碳排放区域格局变化 [J]. 地理研究, 2006 (1).

[101] 张亚红. 山西省循环经济综合评价指标体系研究 [D]. 西安: 西北大学, 2010.

[102] 张耀中. 区域循环经济指标体系与案例研究 [D]. 厦门: 厦门大学, 2007.

[103] 郑永红, 梁星. 我国发展低碳经济的对策和建议 [J]. 环境经济, 2009 (11).

[104] 中共广东省委宣传部. 低碳发展知识读本 [M]. 广州: 广东教育出版社, 2010 (5).

[105] 中国科学院可持续发展战略研究组. 2009 中国可持续发展战略报告 [M]. 北京: 科学出版社, 2009.

[106] 中国人民大学气候变化与低碳经济研究所. 中国低碳经济年度发展报告 (2011) [M]. 北京: 石油工业出版社, 2011.

[107] 周凤起. 发展低碳经济的国际动向与中国的低碳经济道路 [J]. 环境保护与低碳经济, 2009 (10).

[108] 周富华, 陈雄. 国内外低碳经济评价初探 [J]. 当代经济, 2011 (9).

[109] 周生贤. 序言, 低碳经济论 [M]. 北京: 中国环境科学出版社, 2008 (5).

[110] 周元春, 邹骥. 中国发展低碳经济的影响因素与对策思考 [J]. 统计与决策, 2009 (23).

[111] 朱四海. 低碳经济发展模式与中国的选择 [J]. 发展研究, 2009 (5).

[112] 朱有志, 周少华, 袁男优. 发展低碳经济, 应对气候变化——低碳经济及其评价指标 [J]. 中国国情国力, 2009 (12).

[113] 庄贵阳. 低碳经济: 气候变化背景下中国的发展之路 [M]. 北京: 气候出版社, 2007.

[114] 庄贵阳. 低碳经济引领世界经济发展方向 [J]. 世界环境, 2008 (2).

[115] 庄贵阳, 潘家华, 朱守先等. 低碳经济内涵及综合评价指标构建 [J]. 经济学动态, 2011 (1).

[116] 庄贵阳. 中国经济低碳发展的途径与潜力分析 [J]. 国际技术经济研究, 2005 (3).

[117] 卓莉, 陈晋, 石培军等. 基于夜间灯光数据的中国人口密度模拟 [J]. 地理学报, 2005 (60).

[118] 邹秀萍, 陈邵峰, 宁淼, 刘扬. 中国省级区域碳排放影响因素实证分析 [J]. 生态经济, 2010 (6).

[119] Abdeen Mustafa Omer. Focus on Low Carbon Technologies: The Positive Solution [J]. Renewable and Sustainable Energy Reviews, 2007 (4).

[120] Annegrete Bruvoll, Bodil Merethe Larsen. Greenhouse Gas Emissions in Norway: Do Carbon Taxes Work [J]. Energy Policy, 2004 (32).

[121] Ann P Kinzig and Daniel M Kammen. National Trajectories of Carbon Emissions: Analysis of Proposals to Foster the Transition to Low-carbon Economies [J]. Global Environmental Change, 1998, Vol. 8 (No. 3).

[122] Antony Froggat. Barriers to Transition to Low Carbon Economy [M]. The Chatham House, Low-carbon Economy: An Application to Shiga Prefecture in Japan [J]. Energy Policy, 2007 (9).

[123] Cao X, Wang J, Chen J, et al. Spatialization of Electricity Consumption of China Using Saturation-corrected DMSP – OLS data [J]. International Journal of Applied Earth Observation and Geoinformation, 2014 (28).

[124] Chen X, Nordhaus W D. Using luminosity data as a proxy for economic statistics [J]. Proceedings of the National Academy of Sciences, 2011 (108).

[125] Chris G. How to live a low carbon live: Individuals guide to stopping climate change [M]. London: Sterling, VA, 2007.

[126] Commission of the European Communities (CEC). Limiting Global Climate Change to 2degrees Celsius: The Way Ahead for 2020 and Beyond [M]. Brussels: CEC, 2007.

[127] Development Centre of OCED. The World Economy. OECD, 2006.

[128] Edward L G, Matthew K. The greenness of city. Rappport Institute Tubman Center Policy Briefs, 2008 (3).

[129] Ehrilich P R, Ehrich A H. Population, Resources, Environment: Issues in Human Ecology. San Francisco: Freeman, 1970.

[130] Elvidge C D, Hsu F C, Baugh K E, et al. Global urban monitoring and assessment through earth observation [M]. UK: CRC Press, 2014.

[131] Elvidge C D, Imhoff M L, Baugh K E, et al. Night time lights of the world: 1994 – 1995. ISPRS Journal of Photogrammetry and Remote Sensing, 2001, 56 (2): 81 – 99. DOI: 10.1016/S0924 – 2716 (01) 00040 – 5.

[132] Elvidge C D, Ziskin D, Baugh K E, et al. A fifteen year record of global natural gas flaring derived from satellite data [J]. Energies, 2009, 2 (3).

[133] Galeotti M, Lanza A, Pauli F. Reassessing the environmental Kuznets curve for CO_2 emission: A robustness exercise [J]. Ecological Economics, 2006 (57).

[134] Gomi, Shimada. A low-carbon scenario creation method for a

local-sxale economy and its application in Kyoto city [J]. Energy Policy, 2009 (31).

[135] Helm C. International emissions trading with endogenous allowance choices [J]. Journal of Public Economics, 2003 (87).

[136] Huang W M, Lee G W M , Wu C C. GHG emissions, GDP growth and the Kyoto Protocol: A revist of environmental Kuznets curve hypothesis [J]. Energe Policy, 2008 (36).

[137] IPCC. Metz B; Davidson, O,; Swart, R,; Pan, J. (Eds.). Climate Change 2001: Mitigation: Contribution of Working Group Ⅲ to the Third Assessment Report of the Intergovernmental Panel on Climate Change [M]. Cambridge, UK: Cambridge University Press, 2001.

[138] IPCC. Summary for Policymakers of Climate Change 2007: Mitigation. Contribution of Working Group Ⅲ to the Fourth Assessment Report of the Intergovernmental Panel on Climate Change [M]. London: Cambridge University Press, 2007.

[139] J Liski, T Karjalainen. Trees as Carbon Sinks and Sources in the European Union [J]. Environmental Science & Policy, 2000 (3).

[140] Johnston D, Lowe R, Bell M. An Exploration of the Technical Feasibility of Achieving CO_2 Emission Reductions in Excess of 60% Within the UK Housing Stock by the Year 2050 [J]. Energy Policy, 2005 (33).

[141] Kawase R, Matsuoka Y, Fujino J. Decomposition Analysis of CO_2 Emission in Long-term Climate Stabilization Scenarios [J]. Energy Policy, 2006, (34).

[142] Kaya Yoichi. Impacts of Carbon Dioxide Emission Control on GDP Growth: Interpretation of Proposed Scenarios [M]. Paris, France, 1990.

[143] Koji Shimada. 2007. Developing a Long-term Local Society Design Methodology Towards a Low-carbon Economy: An Application to Shiga Prefecture in Japan [J]. Energy Policy, 2007 (9).

[144] Koji Shimada, Yoshitaka Tanaka, Kei Gomi, Yuzuru Matsuoka. Developing a Long-term Local Society Design Methodology Towards a Low-carbon Economy: An Application to Shiga Prefecture in Japan [J]. Energy-

Policy, 2007 (35).

[145] Li X., Liu S., Jendryke M., et al. Night-time light dynamics during the Iraqi civil war [J]. Remote Sensing, 2018 (10).

[146] McFarland, Reilly & Herzog, Repr Esenting Energy Technologies in Top-down Economic Models Using Bottom-up Information [J]. Energy Economics, 2004 (26).

[147] Miranda A. Schreurs. From the Bottom up Local and Subnational Climate Change Politics [J]. Environment Development, 2008 (17).

[148] Nicholas Stern. Stern Review on the Economics of Climate Change [M]. Cambridge University Press, 2007 (8).

[149] Our Energy Future—Creating a Low Carbon Economy [R]. UK Energy White Paper, 2003.

[150] Paul B Stretesky, Michael J Lynch. A Cross-national Study of the Association between Percapita Carbon Dioxide Emissions and Exports to the United States [J]. Social Science Research, 2009 (38).

[151] Quadrillion R, Peterson S. The energy-climate challenge: recent trends in CO_2 emissions from fuel combustion [J]. Energy Policy, 2007, 35 (11).

[152] Ramakrishnan Ramanathan. A Multi-factor Efficiency Perspective to the Relationships among World GDP, Energy Consumption and Carbon Dioxide Emissions [J]. Technological Forecasting & Social Change, 2006 (73).

[153] Reddy A., Williams R., Johansson T. Energy after Rio: Prospects and Challenges [J]. United Nations Development Programme, 2007 (21).

[154] Salvador Enrique Pulia fito, Mariana Conte Grand. Modeling Population Dynamics and Economic Growth as Competing Secies: An Application to CO_2 Globale Missions [J]. Ecological Economics, 2008 (65).

[155] Shimada K. et al. Developing a Long-term Local Society Design Methodology toward a Low-carbon Economy [J]. Energy Policy, 2007 (35).

[156] Stern N. Key Elements of a Global Deal on Climate Change [M].

London: The London School of Economics and Political Science, 2008.

[157] Stern N. The Economics of Climate Change: The Stern Review [M]. UK: Cambridge: Cambridge University Press, 2006.

[158] Sun J. W. The Nature of CO_2 Emission Kuznets Curve [J]. Energy Policy, 1999 (27).

[159] Sutton P. Modeling Population Density with Night-time Satellite Imagery and GIS. Computers [J]. Environment and Urban Systems, 1997 (21).

[160] Toshihiko Nakata, Alan Lamont. Analysis of the Impacts of Carbon Taxes on Energy Systems in Japan [J]. Energy Policy, 2001 (29).

[161] Treffers T., Faaij, APC, Sparkman J., Seebregts A. Exploring the Possibilities for Setting up Sustainable Energy Systems for the Long Term: Two Visions for the Dutch Energy System in 2050 [J]. Energy Policy, 2005 (33).

[162] Turnpenny J., Carney S., Haxeltine A., et al. Developing Regional and Local sdenarios for Climate Change Mitigations and Adaptation. Part 1: A Framing of the East of England [J]. Tyndal Centre for Climate Reseach, 2004 (3).

[163] Ugur Soytas, Ramazan Sari. Energy Consumption, Economic Growth, and Carbon Emissions: Challenges Faced by an EU Candidate Member [J]. Ecological Economics, 2009 (68).